能力只

THE NETWORK EFFECT

人脈
才是通道

劉涵予 編著

職場不缺人才，單打獨鬥能撐一時
互相成就才能長久

光靠自己，太慢也太累
能力是本錢，人脈是踏板

人生路上，一個人走不遠

別再單打獨鬥，成功需要人幫一把

目錄

前言

有一天，一位昔日的同學來到我家，他大學畢業後又取得碩士學位，現在在一家公司擔任軟體開發工作。他個性內向、工作態度認真，對待職場事務非常執著，也常感覺自己有才華卻未得到應有的回報。

理論上，他應該是個積極的年輕人，做事穩健，能力不錯，但為什麼還會有這種懷才不遇的感覺呢？在深入了解後，我發現問題不在於他的能力，而是他在人際關係上的欠缺。簡單來說，他缺乏良好的溝通技巧，也就是說，缺乏處理人際關係的能力。

有句西方的諺語說得好：「一個人的成功，很大程度上取決於他與別人相處的能力。」這句話無疑道出了成功的真諦。它告訴我們，與人相處的能力是成功的一部分，能夠與人和諧相處，才能擁有強大的人脈。即使擁有出色的專業能力，如果無法與他人有效溝通，事業也會屢屢受挫，甚至難以成功。反之，即便人際關係良好，但如果缺乏真正的才能，也難以成就大事。因此，無論在哪個時代、在哪個文化中，對於能力與人脈的認知都應該是並重的。

能力與人脈的平衡

如果一個人既有能力，又懂得如何與人打交道，能夠擁有良好的人脈，那麼他的事業會如火如荼地發展。但如果有能力卻與人疏遠、不善溝通，那麼就可能會面臨停滯不前，甚至倒退的風險。因此，無論從事任何工作，能力和人脈都是你不可忽視的兩大要素。

然而，也有一些人誤以為，成功僅僅依賴於人際關係的建立，並且過度依賴四處交際，忽視了實際工作的努力和專業學習。這種想法顯然是錯誤的。若只是靠人脈而沒有真才實學，結果往往會像〈濫竽充數〉的故事一樣，假裝有能力，最終必然會暴露無遺，並陷入困境。

在當今的社會，人才的定義已不僅僅是有學歷或經驗的人，而是擁有真才實學、能夠解決實際問題的專業人士。尤其在各行各業中，充斥著一些只懂得投機取巧、虛有其表的人。這些人即使擁有不少人脈，也難以真正有所成就。相反，真正的人才，無論是在團隊中還是社會上，都能夠發揮出實力，並在關鍵時刻帶來改變。

所以，「能力」是成功的基石，而「人脈」則是成功的推進力。兩者缺一不可。擁有能力是必須的，但若缺少人脈，成功將非常艱難；有了人脈而無能，也只是浮華一時，最終難以持久。只有同時具備能力與人脈，我們才能在競爭激烈的社會中立足並取得成功。

那麼，如何在生活和職場中同時提升能力和人脈呢？如何避免僅有能力卻缺乏人脈，或是擁有大量人脈卻沒有實力的人生遺憾呢？這些問題的答案，將在接下來的探索中逐步解答。希望本書能幫助你在提升能力的同時，也能學會如何經營人脈，開創更多機會，早日迎來成功。

前言

第一章
實力與人脈，撐起你的人生高度

當一個人擁有堅強的實力與廣泛的人脈，他的成功往往如虎添翼。能力是你在職場上立足的根本，是你解決問題、創造價值的核心本領；而人脈則是你在社會中拓展影響力的無形資源，是在關鍵時刻助你一臂之力的祕密武器。兩者之間，就像「人」這個字，左撐右托，缺一不可。若只有能力而缺乏人脈，努力常常會事倍功半；但若光有人脈而沒實力，也無法站穩腳步。唯有能力與人脈兼具，才能做到「一分耕耘，十分收穫」，讓機會主動向你靠攏。歷史上那些真正登上高峰的領袖人物，無一不是本領過人，又擁有深厚人脈資源的人。他們的成功，不只是靠自己，更是懂得在對的時間與對的人合作，發揮最大的綜效。

能力與人脈的雙重基石

在人生的旅途中，很多人都懂得如何努力工作，卻未必能在事業上取得成功。為什麼會這樣呢？這一切的關鍵就在於，有些人擁有人脈卻缺乏能力，而有些人擁有能力卻沒有人脈。事實上，成功往往依賴這兩者的平衡，缺一不可。

想要在職場上有所成就，無論是人脈還是能力，都有其重要性。有人認為人脈比能力更重要，但實際上，在關鍵時刻，能力往往發揮著決定性的作用。換句話說，能力是你的「看家本領」，而人脈則是你成功的「祕密武器」。兩者互相依存，缺一不可。擁有強大能力和良好人脈的人，無論做什麼都能事半功倍，因為他們具備的優勢使得每一分努力都能得到更大的回報。

如果一個人只有能力，卻缺乏人脈，那麼在很多情況下，他的事業發展將受到限制；同樣地，如果人脈再多，但缺乏真才實學的能力，那麼他的事業也無法長期穩定發展。無論是企業還是個人，能力和人脈相輔相成，才能真正走向成功。

人脈與孤獨的背離

以春水為例，她是房地產公司的市場部推廣經理，平時接觸的多是事業有成、具有影響力的客戶。從理論上講，這樣的工作環境和條件應該讓她在人際圈中無所謂困難。然而，實際情況卻遠非如此。儘管春水擁有大量的名片，並且在人際互動中十分活躍，但她卻始終無法建立深厚的友誼。當她在需要幫助的時候，反而發現自己並沒有真正的朋友。

春水的經歷告訴我們，僅僅擁有表面的人脈而不去維繫深厚的關係，是難以帶來真正支持的。人脈若不以真心為基礎，僅僅是空洞的聯絡方式，那麼即使有再多的名片和聯絡方式，依然會感到孤獨和無助。這也反映出現代社會中許多人對「人脈」的誤解：看似熟人無數，卻沒有真朋友。這種情況正是當代人面臨的困境：名片多、朋友少。

然而，僅有能力而無人脈，或是擁有廣泛人脈卻缺乏真本事，都是無法成功的。想要在職場上站穩腳跟，必須將兩者兼具。人脈是成功的助推器，而能力則是通向成功的根基。若一個工程師有能力，卻不與其他領域的專業人士建立關係，那麼他將無法拓展自己的視野，也無法在未來的職業生涯中取得更高的成就。

不久前，一位成功的企業董事長談到他的成功經歷時，表示他最大的祕訣就是「靠朋友」。他曾出身貧困，並且學歷背景並不突出，但他的人脈卻遍布各個領域。憑藉著與他人建立的深厚友誼和信任，他得以不斷從朋友那裡獲得機會並一步步攀升。

掌握人脈，發揮能力

許多人或許認為，只有從事公關、銷售、新聞等行業的人才需要強調人脈，而其他領域則不必如此。事實上，無論從事哪個行業，人脈的重要性無處不在。正如卡內基所說：「一個人能否成功，不在於你知道什麼，而是在於你認識誰。」這句話並不是說要忽視專業知識，而是強調人脈在職場中的重要性。每一個有抱負的人，應該明白，無論多麼努力工作，如果忽視了人際關係的經營，那麼成功將無法輕易實現。

因此，能力與人脈的協同作用，才是達成事業成功的關鍵。當兩者有機結合，成功的機會便會成倍增加。

成功需要「軟」、「硬」結合

如果把人生視為一場競技，想要在這場比賽中獲得勝利，首先要具備過硬的競爭力與不屈的奮鬥精神。無論面對何種挑戰，都需要擁有足夠的能力來應對困難，擊敗對手。正如在拳擊比賽中，擁有強健的體格是基礎，但這還不夠，成功的背後還需要更高層次的技巧與策略。

例如，在拳擊比賽中，力氣固然重要，但更重要的是如何運用技巧進行戰鬥。這便是「硬體」與「軟體」的完美結合。擁有強壯的身體（硬體），但是如果沒有敏捷的反應與堅定的意志（軟體），即便力大無窮也難以打敗對手。

就像拳擊中的「左手擋人，右手出拳」，左手負責保護，右手負責進攻。這就是能力與人脈的關係：能力是你的硬體，而人脈則是軟體。無論在哪個領域，若只是單純依賴其中一者，成功的機會都會大打折扣。能力強，但如果沒有良好的人際關係，你的才能也許無法得到展現；相反，即使你擁有廣泛的人脈，但如果沒有真才實學，這些人脈也無法為你提供實質的幫助。

大衛和莉莉的故事便是最好的例證。大衛來自一個小鎮，他並不擁有大城市裡的資源和背景，生活也並不富裕。

然而，他從小就對科技產業充滿興趣，並努力提升自己的專業技能。進入大學後，他的學業成績逐漸提升，並且在學校裡參與了多個科技創新比賽，獲得了不錯的口碑。然而，在求職過程中，大衛經常發現自己難以突破面試的第一關，因為他並不具備足夠的人脈來獲得更多的面試機會。

與此同時，莉莉的情況則大相徑庭。莉莉出生在一個大都市，從小生活在充滿機會的環境中。她擁有出色的社交技巧，但起初並未對自己的專業技能投入足夠的時間和精力，因此她的工作表現一直未達最佳。然而，莉莉深知人脈的重要性，逐步將其社交圈擴大，結識了許多業內人士，並在幾年後透過朋友介紹，成功進入了一家知名企業，開始了她的職業生涯。

不過，莉莉並未因此安於現狀，她開始意識到能力和專業知識的重要性。經過數年不斷地學習和進修，她的能力有了顯著的提升，並最終成為了企業的高層之一。而大衛則逐漸意識到，僅有專業技能仍不足以打開事業的缺口。於是他開始主動參與行業聚會，拓展人脈，並在一次關鍵的場合中，憑藉自己的專業知識和技能，贏得了一次重要的職業機會，並在接下來的幾年裡迅速攀升，最終創辦了自己的科技公司。

無論起點如何，只要願意不斷提升自己，並且懂得如何運用人脈，最終都能獲得成功。大衛和莉莉的成功不是偶然，而是因為他們明白了「硬體」與「軟體」的完美結合。

拓展人脈，走向成功

現今社會競爭激烈，無論你是創業者還是職場新人，擁有能力是你站穩立足的根基，而人脈則是事業發展的加速器。良好的能力能讓你無論在何處都能應對各種挑戰，並且獲得他人的尊重；而強大的人脈則能幫助你在關鍵時刻獲得更多機會，並帶來更多的人生貴人。

總結來說，能力與人脈是成功的兩個重要基石。只有當兩者兼具，並且能夠相輔相成，成功才會變得觸手可及。無論你目前處於什麼樣的境地，都應該不斷提升自身的能力，同時拓展人脈，讓自己站在更多的機會面前。當你擁有強大的專業能力，並且能善用手中的人脈，那麼你離成功將會更近一步。

左右逢源的智慧

「左右逢源」最早出現在《孟子．離婁下》，原意為「資之深，則取之左右逢其源」，意思是當技巧到家後，便能得心應手，順利無礙。這告訴我們，無論做事還是處世，都需要首先磨練自己的「功夫」，這「功夫」包括了努力工作、創新思考，也涵蓋了面對困難時的堅持與人際間的和諧合作。簡單來說，「功夫」就是結合了能力和人脈。

左右這兩個字，通常被視為相對的方位，卻又密切相連，互為因果。在這個世界上，左和右彼此相生相剋、相輔相成。當左右相遇時，就能孕育出無窮的機會和可能。就像天與地、陰與陽，它們共同成就了萬物的繁榮與發展。

在人生的道路上，難免會遇到挫折與挑戰。當我們面臨困境時，往往會感到進退兩難，覺得左右為難。然而，這種感覺其實並不準確。若「左」是問題的源頭，那麼「右」便是解決問題的方法。每一個問題都有解決的辦法，只是我們還未找到合適的方式。這恰恰是因為「功夫」不到家所帶來的困惑。當我們的能力和人脈都得到充分的發展後，所有的困難將不再是障礙，事業也能順利進行。

左右逢源的必經之路

現代社會競爭激烈，每個人在求生存的過程中，無不面對來自家庭、社會等各方面的壓力。能在這樣的環境中脫穎而出的人，往往具備堅韌不拔的精神和超越自我的能力。他們知道如何激發潛能，突破困難，實現人生價值，進而擁有了「左右逢源」的智慧。正如一句話所說，當「功夫」達到極致時，不論做什麼都能成功。

在這樣的競爭環境中，如何做到左右逢源呢？

首先，要相信自己，這樣無論是走路時還是工作時，才能展現出無窮的自信和精力，並在待人接物時，讓人留下良好的印象。這不僅能夠幫助自己建立正面形象，還能夠讓合作夥伴對你產生信任。

其次，要與人為善。待人如待己，這是最基本的人際相處之道。事實上，與人為善的人在事業上往往能夠減少不必要的阻力，當遇到困難時，還能夠獲得他人的幫助和支持。作為一個有道德的人，周圍總會有回報你善意的時機。

再來，勤奮好學也是事業成功的關鍵。努力和責任心是每個成功人士的共同特徵。那些事業有成的人，往往在工作中付出了遠遠超過要求的時間和精力，這才是他們走向成功的原因。

此外，堅持不懈是成功的必備特質。無論面對什麼樣的困難，只要確定了目標，就應該堅持下去。羅馬不是一天建成的，成功需要時間的累積，持之以恆的努力終會帶來質的變化。

面對挫折時，保持正向的心態同樣重要。就像「愚公移山」的故事教我們的那樣，遇到無法克服的困難時，可以改變方向，尋找其他的解決方案。這樣的心態能幫助你在困境中看到希望，並轉化為成功的資本。

最後，無需害怕競爭。在當今社會，競爭無處不在，但正確的態度是以和風細雨的方式應對對手，寬容大度的表現能讓你贏得更多的支持與尊重。成功往往來自於良好的人際關係和深厚的溝通技巧，這是事業上不可忽視的重要因素。

培養左右逢源的「功夫」

有位朋友曾經是職業經理人，剛進入職場時，他對自己信心滿滿，認為只要憑藉自己的努力和才華，就能在職場上闖出一片天。然而，五年內他辭職了兩次，儘管老闆百般挽留，最終他還是選擇離開了原本打算長期服務的公司。事後，他百思不得其解，總覺得自己應該得到更多的機會。最後，他開始理解到，並非單純的努力和才能能夠帶來成功，缺乏與上司和同事之間的有效溝通，沒有建立和諧的人際關係，最終他還是沒能左右逢源。

成功不僅需要能力，還需要強大的人脈和良好的溝通能力。缺乏人脈的支持，無論有多強的能力，都難以實現真正的突破。只有在能力和人脈上都做到平衡，我們才能真正做到左右逢源，走向事業的成功。

成功的關鍵要素

曾經閱讀過一本西班牙經濟學家和管理學教授的書籍，書中講述了一個關於如何在生活與工作中把握機遇，達到成功的故事。故事情節看似簡單，卻觸動人心。故事的主角是一對多年未見的好友，命運在一個偶然的機會中再次讓他們相遇。馬克，曾經家境貧困，無法繼續求學，如今卻成為一位成功的企業家；而吉姆，儘管繼承了大筆遺產，卻過著窮困潦倒的生活。馬克的成功，隱藏在他祖父的「尋找神奇幸運草」的故事中。透過這段小故事，讀者可以清楚理解為什麼有些人總是能夠抓住機遇，而另一些人則錯過了它。答案很簡單——機遇並不會自動降臨，必須要自己創造環境，才能為自己創造機遇。

一位大師曾對他的弟子問道：「你有夢，何日付諸現實？」弟子的回答是「等待機遇的到來。」但大師卻說：「機遇不會不請自來，處處皆是機遇。」這讓人深思：既然生活中充滿機遇，那麼我們應該如何創造機遇，使其主動來找我們呢？

除了不斷學習和積極努力地提升自己的能力之外，還有三點至關重要：

1. 主動爭取機遇

我有一位同事曾分享過一個有趣的故事：小劉和大張是好朋友，兩人都在同一家藥店工作，且每月的績效考核都能輕鬆進入前三名，因此深受店長的重視。某天，店長打算從兩人中選擇一位擔任組長。於是，他故意走漏風聲，讓兩人得知這個消息。聽到這消息後，小劉立刻提交了精心準備的自我推薦信，而大張則認為自己表現更為出色，無需再多做任何表現，便選擇靜待結果。最終，店長選擇了小劉。

機遇來臨時必須主動出擊。大張未能主動爭取，導致與晉升機會擦肩而過。機遇是一種稍縱即逝的存在，只有那些目光敏銳、敢於行動的人才能抓住它。它是一個公開且平等的機會，關鍵在於是否能抓住。如果你總是以為「反正我表現好，機會最終會到來」，那麼你可能錯過的會遠比你想像中的多。

2. 當機立斷，迅速行動

亞歷山大·貝爾和安東尼奧·穆齊在研製電話時幾乎是同步突破的，但由於貝爾比穆齊早了 2 個小時申請專利，最終貝爾成為了電話的發明者，而穆齊則未受到應有的認可。

競爭中，差距可能只是微不足道的幾分鐘，甚至是一秒鐘，而這一刻便能決定結果的不同。

3. 不要過於謙讓

有時候，我們會因為考慮到人際關係而放棄競爭，但在這個充滿競爭的社會中，這樣的謙讓往往會使自己錯失良機。職場中，雖然友誼很重要，但當機遇來臨時，必須果斷出擊，這樣才能真正把握住未來的機會。

有一篇故事講述了某位年輕人，他總是抱怨命運，覺得自己不如別人，沒有得到該有的機會。他向上帝訴苦，要求上帝給他一顆蘋果，或者賜予他一顆價值連城的鑽石。上帝聽後答應了他的要求，但每次給他機會時，年輕人總是錯失它們，甚至將寶貴的鑽石踢進了水溝。

機遇不會降臨在那些整天抱怨、不願行動的人身上。每個機會的背後，都是需要我們付出實際行動的，僅有抱怨是無法改變現狀的。

機遇與人脈的雙重作用

人生中的每一次成功，背後都藏著一次次精心創造的機遇。透過主動出擊、果斷行動、避免抱怨並敢於競爭，我們能夠把握每一個轉瞬即逝的機會，並走向成功的高峰。在競爭激烈的職場和生活中，機遇不會輕易上門，唯有自己創造並迎接它，才能真正實現夢想，迎來屬於自己的成功。

人和，是所有資源的總開關

在一次培訓中，導師問我們：「如果讓你挑一個關鍵成功因素，是運氣、資源還是人脈，你會選哪一個？」當時我選了資源，因為我相信掌握資源就等於掌握主導權。但那天他只說了一句話：「《孟子》早就回答你了 —— 天時不如地利，地利不如人和。」那一刻，我才真正理解，什麼叫做成事的根本。

這句古語不只是口號，它點出成功背後的三層邏輯。天、地、人三者互為影響，但最終還是得回到「人」身上。有些人做事靠靈感，有些靠財力，有些靠時勢，但真正能長久成功的，都是懂得經營人和、協調關係的人。只依賴外在條件，即使一時成功，將來也容易崩盤。真正的勝利，是天時、地利與人和的融合，但以人和為核心。

懂得時機，才能順勢而起

天時是什麼？它不是天命，而是時機。曾有位創投顧問分享過他的投資原則：他說，他最成功的案子不是眼光最毒的那個，而是等待最久的那個。他投資一間新創電商平臺時，明知道對方技術還不成熟，團隊也剛起步，但他觀察到市場正在轉變，消費者從實體轉向線上，且疫情正悄悄改變全球購物行為。他選擇「等」，等到市場成熟、消費者習慣改變，再注入資金推動。結果那間平臺不到三年就成為臺灣前三大電商之一。

這就像獵豹不會見獵就撲，而是等到獵物腳步不穩、距離恰當時才出擊。成功從來不是比速度，而是懂得何時出手。太早動手，會消耗資源；太晚反應，機會就被別人搶走。這就是天時：不只是「現在做不做得成」，而是「這時候做，是否剛好對」。

地利則是舞臺。有些人運氣好，一開始就在條件優渥的環境中工作，但卻遲遲無法發揮實力；而有些人雖然起點平凡，卻能憑藉對環境的理解殺出一條血路。

我有一位學弟阿偉，大學畢業後進入一家剛成立不久的社群行銷公司，設備簡陋、制度混亂，大家都覺得他「運氣不好」。但阿偉沒抱怨，他反而利用環境鬆散的特性，自己創建流程、整合工具，主動替主管分擔壓力。不到兩年，公司擴編，他被提拔為行銷主管。換作另一家公司，制度穩定、位階分明，他或許得花五年以上才爬得到那個位子。

舞臺給了你空間，成不成事還看你怎麼演。不是每個舞臺都適合演出交響樂，但即使只是小品，只要角色合適，也能打動觀眾。

但最終決定你能不能演下去的，還是人。人和，指的不只是「人際關係好」，而是一種「讓人願意幫你」的狀態。在職場中，你可以沒有最好的資源，但不能沒有支持你的人。你可以沒有最亮眼的成績，但不能讓別人對你失望。

有個朋友 Alice，開公司第三年，資金鏈一度斷裂。她沒有第一時間去找銀行貸款，而是打了十通電話給過去合作的夥伴，請求寬限或臨時支援。十通裡有七通得到了正面回應。她後來說：「那一刻我才明白，我平常做的每一件小事、每一次守信，其實都是在為危機做準備。」這就是人和的力量。

要上有主管支持，中有同事配合，下有團隊信任。這三者只要缺一，就會出現斷層。想成事，光靠自己絕對不夠。你不需要人人都幫你，但至少要有人願意為你開一扇門。

成功不是單一條件的結果，而是整體的綜合。會挑時機是天時，懂得空間限制是地利，但讓一切資源發揮效用的，永遠是人和。真正有實力的人，不只是做事厲害，而是讓別人願意跟著他一起做事。

天時地利可遇不可求，但人和，永遠可以自己創造。要成大事，先從成為別人願意支持的人開始。

你是真的被埋沒？

我在工作中接觸不少社群，也常在網路上潛水，看到許多人留言說自己「懷才不遇」。他們總有一種「我其實很厲害，但沒人懂我」的姿態，覺得自己如果當年遇到伯樂，現在早就是哪間公司的高階主管。但現實卻不如預期，於是便轉而把矛頭指向時代、體制，甚至社會的不公。抱怨聲此起彼落，卻少有人願意停下來問自己：「我真的有被看見的實力嗎？」

針對這種情況，我想分享兩個故事。

你是一粒沙，還是一顆珍珠？

有一回，一名年輕男子在海邊坐了許久，情緒低落，聲稱自己要結束生命。他說自己才華洋溢，但命運弄人，總是碰不到機會。正當他準備往海裡走，一位在岸邊修補漁網的老船長叫住了他。

老船長問他怎麼了，他嘆口氣說自己才華被埋沒，活得沒意義。老船長聽完，撿起一顆小石頭扔向沙灘，對年輕人說：「你能把我剛才丟的那顆石頭找回來嗎？」

年輕人皺眉:「你這是在耍我嗎？沙灘上滿地都是石頭，怎麼找得出來？」

老船長沒說話，改從袋子裡拿出一顆閃亮的珍珠，扔向同一片沙灘，問：「那你能幫我找這顆？」

不到十秒，年輕人就把珍珠撿了回來。

老船長拍拍他的肩說：「你看，如果你真的是珍珠，根本不用擔心沒人會發現你。問題是，你願意花時間把自己打磨成珍珠嗎？」

不是世界沒有伯樂，而是大多數人其實還只是顆不起眼的沙石。不是別人看不見你，而是你還沒讓自己發光。

你擁有的，遠比你想的多

另一個故事，是我在某創業講座上聽到的。一位二十出頭的年輕人站起來提問:「我沒有資源、沒背景、也沒人脈，該怎麼創業？」

講者笑了笑，反問他:「如果我出價一百萬買你的雙手，你賣嗎？」

年輕人嚇一跳，立刻搖頭。

「那你一雙眼睛呢？我願意出兩百萬。」

「不可能，我不要。」

講者點頭：「你看，你說你一無所有，但你其實擁有價值數百萬的資產。你有時間、有體力、有知識、有網路，你怎麼能說你什麼都沒有？」

很多人不自覺地把「我沒資源」當成逃避努力的理由。其實，我們早已擁有了許多，只是從來不認真看待。

我見過太多人一邊自稱才華橫溢，一邊卻連履歷都懶得更新；一邊說公司不識貨，一邊又每天渾渾噩噩地滑手機等下班。心理學上有個經典實驗：飢餓的狼與一堵透明牆之間的小兔。狼不斷衝撞、失敗、受傷，最後放棄。即便實驗者後來移開了那道牆，狼也再也不肯嘗試。

失敗不會打敗你，但持續的失敗會讓你放棄自己。一旦你決定「反正我就是沒機會」，那麼你就會在原地等，等著命運可憐你。但現實是不會動情的，它只會讓你離機會越來越遠。

許多人愛說：「這間公司太小，看不到我的價值。」但真正的人才從不怕換地方。他們有一種信心：哪怕我從零開始，我一樣能闖出一片天。既然你相信自己是人才，那麼就請勇敢為自己找下一個舞臺，而不是一邊厭倦現在、一邊害怕改變。

讓別人相信你之前，請先證明自己值得相信

我不是說世界對每個人都公平，但如果你總是抱怨，而不是行動，那你只是選擇了最安逸的失敗方式。與其說你懷才不遇，不如問問自己：

你有沒有努力讓別人看到你的價值？

你有沒有準備好機會來臨時，立刻上場？

你有沒有真正相信自己可以做得更好？

如果這三題你都無法肯定回答，那就先別說自己「懷才不遇」了。因為機會從來不是用來等待的，而是要靠自己創造的。

別做職場的空殼人

在某次職場座談中，一位資深主管提到他面試新人時的經驗，說有一次來了一位年輕人，履歷寫得像是業界天才，什麼行銷、企劃、設計樣樣精通。主管原本滿心期待，沒想到一進實戰，對方不僅連基本的 PPT 都不會製作，簡報內容空洞，還推說「我比較擅長策略，這些都是執行面的事。」結果不到三天，公司便請他離開。

這樣的例子，讓我想起一個古老但始終不過時的寓言人物：南郭先生。他混進了樂隊，假裝會吹竽，靠著合奏的群體掩護，日復一日地矇混過關。直到新國王只想聽「獨奏」，才終於現出原形，連夜逃走。南郭先生沒做錯什麼大事，但他最大的錯，是選擇裝模作樣，而不是努力學習。

混不是出路，實力才是本錢

我們身邊常常出現這樣的「南郭型員工」：會說不會做，懂理論卻無實操經驗，專門躲在團體中，最擅長的不是技能，而是隱身術。這樣的人，也許可以靠運氣留下來一時，但長遠來看，制度終究會變、人事終究會動，他們的問題也終究會浮上檯面。

就像一位做工程的朋友說的：「樓房最怕的不是牆裂或屋漏，而是地基沒打好。你表面裝得再華麗，一場雨水就足以讓它垮掉。」職場更是如此，一個人的能力，就是他人生地基。沒有真功夫，早晚會被現實打回原形。

職場的你，是玻璃，還是鑽石？

我認識一位資深設計師，她剛入行時什麼都不會，一開始只會畫簡單的 logo，連配色都拿不準。但她願意學，願意多做一些自己職責外的事。三年內，她從一個小助理變成能獨當一面的創意總監。她常說一句話：「多一項技能，就像鑽石多一個切面。」切面愈多，反射的光才會更亮。

很多人羨慕別人能發光，卻從來不想問問自己：我願意磨出幾個切面？是想當真鑽，還是甘心做個閃亮卻沒價值的玻璃？

別忘了，只有真正的鑽石才經得起打磨。那些自我吹捧、缺乏內涵的「水鑽」，即使外表再漂亮，也終究無法通過現實的考驗。

職場如戰場，實力就是你的武器。做一天和尚撞一天鐘的心態，只會讓你變成團隊的累贅。時代早就不是靠「混」

就能生存的年代。當責任一個個落到你頭上，當聚光燈照到你身上，你能不能不慌不亂地站出來？還是只能像南郭先生一樣落荒而逃？

願我們都別成為那個靠群體掩護、靠制度縫隙苟且偷生的空殼人。願我們都有一點鑽石的堅硬，有一份願意被磨的勇氣，靠本事發光，而不是靠裝出來的亮。這樣的自己，才不會怕獨奏，也才能在舞臺上，走得久、站得穩。

能力與人脈，都是你手中的王牌

「能力是銀牌，人脈是金牌。」乍聽之下，好像人脈更勝一籌，但我總覺得這樣的說法太過簡化，把兩者變成了單選題。事實上，在這個講求實力又重視連結的社會裡，能力與人脈都是通往成功的關鍵。你可以說它們是兩張王牌，而真正的贏家，往往是懂得同時運用這兩張牌的人。

說到人脈與能力的結合，歷史上有一段最具代表性的故事，就是劉邦、項羽與韓信。項羽天資卓絕，卻自視甚高，不善任人，連范增這樣的智者也被他疏遠；韓信兵法出神入化，卻不懂避鋒頭，最終死於非命；而劉邦呢？他不如項羽能戰，不如韓信會打仗，但他最擅長的，就是用人。

劉邦懂得怎麼拉住張良、蕭何、陳平這些人，他用人不忌，肯放權也敢壓陣。他靠的不是單一的能力，而是整合資源的能力。他知道自己不是最強的棋子，所以他選擇當最會下棋的那個人。這樣的人，雖然看似平凡，卻能登頂。

夢想與拖延之間的距離

每個人在不同的階段，都曾有過夢想。18 歲時想寫書開頻道，28 歲想開店當老闆，38 歲希望擁有一家屬於自己的企業。但為什麼這些夢想到最後只變成了回憶？因為我們總是說：「還沒準備好。」不是說沒時間，就是說沒能力，或是說沒認識人。事實是，真正沒做的原因，是我們還沒開始行動。

能力與人脈，就像你銀行帳戶裡的存款，如果不去動用，只是數字再多，也無法買到一杯咖啡。那些成天說人脈沒用、能力無處發揮的人，其實只是把王牌藏在口袋裡從不出手。不是怕失敗，就是怕麻煩，最後自己變成最大的阻礙。

有些人明明很聰明、社交圈也夠廣，但總是平凡度日，為什麼？因為他們不會用手上的資源。明明有管道，卻不敢開口；明明有本事，卻不敢嘗試。久而久之，錯過的不是機會，而是讓人記得你的可能性。你看那些真正成功的人，哪一個不是又拚又敢？他們不只會做，還知道什麼時候該找誰、該說什麼、該怎麼把資源轉成成果。

曾看過一位創業講師分享：成功者的三項共通特質——一是有人可用、二是自己可用、三是敢去用。他們的人脈不是聚餐認識的朋友，而是能在需要時提供幫助的資源；他們的能力不只是專業，而是解決問題的手段。而最關鍵的，是他們能整合這兩者，讓自己站上更高的位置。

人脈，也是能力的一部分

很多年輕人會說：「我還沒地位，也沒經驗，別人為什麼要跟我建立關係？」但其實，當你主動學習、願意給予、懂得尊重與回應時，人脈自然會來找你。別人認識你，不是因為你能給什麼，而是因為你值得信任。當你有行動力和企圖心，人脈自然會轉化為你的資產。

曾聽過一位銀行顧問的故事。他需要一份關鍵報告，卻被一位企業董事長客氣打發。第二次拜訪，他帶了一疊從國外部門蒐集來的稀有郵票，只因聽說那位董事長的兒子喜歡集郵。這一舉動讓原本冷淡的氣氛瞬間翻轉，不但拿到了所有資料，還順利建立起了長期合作的關係。

這不是拍馬屁，而是細心觀察、主動出擊、換位思考。這樣的能力，說到底，也是人脈的一部分。

能力和人脈，從來不是非此即彼的選擇題，而是必須同時修練的兩張王牌。你可以選擇只練能力，也可以花心思累積人脈，但若不懂得把兩者結合、轉化、運用，再好的底牌也難以翻盤。

你不是沒資源，也不是沒實力，你只是還沒真正出手。等你開始行動，能力會提升，人脈會靠近，而你，也會越來越接近夢想的模樣。

有實力，也要懂審時度勢

在職場裡，我們常見兩種極端的人：一種是空有背景卻不學無術的人，另一種則是有本事卻目中無人、橫衝直撞的人。前者當然難有作為，但後者往往也會因為看不清大勢而功虧一簣。能力再強，如果錯估情勢、不懂進退，終究也難以立足。

就像修水渠引水，若不順著地勢行事，非要讓水往高處流，再多力氣也只是在徒勞。懂得利用趨勢，才能讓水自然而然流入田間，潤澤萬物。人生亦是如此，若不能順勢而為，即便能力再大，也可能撞得頭破血流。

歷史上的鼂錯，就是個例子。他是西漢初年的重臣，頗有謀略，也深得景帝信任。他堅持削弱諸侯權力，從戰略層面看或許沒錯，但他選擇在局勢不穩、皇權尚未穩固之時貿然推進政策，結果引起諸侯大反彈。最終，他被誣指為戰亂之因，景帝為安天下，將他處死於東市。鼂錯的問題，不是沒能力，而是錯判時機，太想靠一己之力改變格局，最後連命都保不住。

這讓我想起某企業中階主管阿偉，個性積極、有想法，進公司不到三年就提出好幾項制度改革建議。他看準部門效率低落，想大刀闊斧推動變革，卻忽略了高層當時剛歷經人事動盪，最需要的是穩定。結果不但改革沒推成，還因此失去了升遷機會。後來他沉澱下來，選擇先累積信任與時機，再逐步推進計畫，才真正發揮長才。

守成也需要智慧，穩中求勝更難得

相對地，懂得隱忍與順勢而為的曹參，則展現了另一種深層次的能力。他接任蕭何成為西漢丞相後，並未急於展現個人政績，而是延續蕭何制訂的制度，實行無為而治，讓百姓休養生息，國力逐漸回穩。他天天與幕僚飲酒作樂，看似消極，實則深明大義，懂得什麼時候該做、什麼時候不該動。

有人會說，他是不是太懶政了？其實正好相反。曹參明白，過度變革會動搖人心，而當時最需要的不是創新，而是穩定。他雖然沒有像晁錯一樣搞大動作，但正因為他選擇不作為，才為西漢打下穩固的基礎。那是一種難得的自制力與局勢判斷力。

這種智慧，在現代職場裡同樣重要。一位資深經理曾說：「有時候，不動就是最好的策略。懂得停下來，不代表你沒有野心，而是你清楚自己什麼時候該進、什麼時候該守。」

真正的高手，
不只靠能耐，更靠眼光

想要成功，不只要靠能力，還要有識時務的智慧。不是每一場仗都值得打，不是每一次機會都該強出頭。真正的高手，懂得等待，懂得轉彎，懂得在風向未定前，先穩住腳步。這不是逃避，而是對形勢的敬畏。

別做那種因為衝動而自毀長城的人，更別以為自己能力強就可以硬撐到底。有本事固然重要，但在錯誤的時機強出頭，不僅事敗，還可能讓人懷疑你的判斷力。

所以，別忘了這句話：能力再強，也不能逆勢而為。真正走得遠的人，是那些懂得收與放、快與慢之間分寸的人。你可以有鋒芒，但更該有眼光。

第二章
補齊技能，
讓弱點不再拖累你

當同樣的一件事擺在眼前，有些人輕鬆完成，彷彿信手拈來；有些人卻苦思冥想、反覆嘗試，仍舊舉步維艱。這並非運氣的差別，而是因為個人的能力是否與工作需求對上了頻率。當一個人的專長剛好切合工作要點，他便能如魚得水地發揮；相反地，若能力與職務錯位，就容易變得吃力不討好，不但事倍功半，還可能耗盡心神而無所成。

這樣的情況，其實牽涉到每個人都難以避免的「能力弱點」。弱點如果長期被忽視，不僅拖慢進度，更容易在壓力累積下感到挫敗，甚至讓人還沒完成任務就身心俱疲、心灰意冷。每個人或每個企業，無論多麼成功，都難免有薄弱之處，這些正是最容易遭遇挑戰的關鍵點，也常是對手用來突破防線的「死角」。不妨靜下心來，為自己擬一份清單，誠實面對自己的不足，一步步有計畫地強化這些區塊。當你願意主動修補自己的缺點，未來的道路就會走得更穩、更遠，也更有勝算。

從盲點下手

不論是國家、企業、團隊，甚至個人，都有各自的劣勢。如果一個主管只強調擴張，卻忽視內部管理的漏洞，終究會出現破口；一間公司如果總是追求營收成長，卻忽略研發或人力培訓，遲早也會力不從心。而對個人而言，不管你現在處在什麼位置，若總是逃避自身的缺陷，只強化你已擅長的領域，等於替自己留下隱患。

古代兵法說：「避實擊虛。」戰爭如此，人生亦然。對手不會從你最強的那一面出手，他們總是從你最鬆懈、最沒準備的地方下手。如果你口才不佳，偏偏要做簡報；抗壓性低，卻總挑戰高壓任務，那麼失敗只是時間問題。若想整體提升，就得先從最弱的那一環著手。別再躲開不擅長的事，而是面對它，強化它，直到你沒有破綻為止。

不要總抱怨自己懷才不遇，也別再拿「性格使然」當作停滯不前的藉口。真正有遠見的人，會時常檢討自己，並勇敢修補那些還未成形的地方。每補好一塊缺口，你就離全方位更近一步。

強者從來不是沒有弱點，而是不放任弱點

這個世界不缺有才華的人，缺的是能把才華發揮出來的人。差別在哪？在於你有沒有看見自己的短處，並努力補強。能力不是天生完整的，它是被不斷修補與打磨後的成果。真正的進步，不是讓強項更強，而是讓弱點消失。

如果你想成為更好的自己，現在就該問問：我的缺點在哪裡？發現它、改善它，才是真正脫胎換骨的開始。

從認清自己的缺口開始

一條鏈子，再堅固也會被最薄弱的一環拖垮。一個人，不論多有天分、多有背景，只要忽略了自己的致命缺點，命運就可能因此走向偏離。人生的弱點就像一種看不見的破口，若不正視、不修補，終將成為阻礙前行的絆腳石。

我們常說，性格決定命運，這句話的背後，其實是你的缺點會在關鍵時刻發揮作用。這些弱點可能是脾氣急躁、過度自卑、逃避溝通、缺乏自律，也可能只是某一項基本能力的缺乏，但在你未察覺前，它們早已悄悄牽引你的選擇與命運的走向。

從缺陷中走出新路的人

曉風從小膽小怯懦，連在課堂上念出幾句話都會緊張得無法呼吸。他也曾因發抖的雙手與結結巴巴的語言，被同儕視為「沒救的演講者」。但他並未讓這些成為他逃避的理由，反而一次次上臺鍛鍊自己，從不放棄提升的機會。最終，他成為當時最有影響力的演說者之一，不靠雄辯詞鋒，而是靠內心的誠懇與堅韌。

不只有名人如此，我們身邊也有許多人被自己的缺陷限制著。一位叫瓊斯的工程師，擁有扎實的數理建模能力，卻因表達能力太差，遲遲無法升遷。在一次專案中，他未能清楚說明成果，導致整個團隊表現失分，之後幾年他原地踏步，看著晚輩一個個晉升。他痛定思痛，辭職後花三年強化簡報與溝通技巧，終於突破瓶頸，在新公司重獲掌聲。

命運之所以與弱點相關，是因為你無法用優點掩蓋所有問題。你可以靠長處爭取一次機會，但若短處被放大，失去的會是整個舞臺。

自卑不可怕，逃避才是風險

自卑是一種常見的心理陰影。很多人都有自己的不安：出身、外貌、學歷、口才、背景……但真正改變人生的從來不是「消除自卑」，而是「正視並修補」。美國總統林肯，就是這樣的代表。他出身寒微，外貌不討喜，動作笨拙，甚至教育程度填寫時直言「有缺陷」。但他從不否認這一切，而是不斷自我進修、閱讀、演練與調整，最終以非凡的心智與人格說服全世界。

林肯的故事告訴我們：偉大不是沒有缺點，而是願意不斷彌補。他不掩飾自己的不足，而是讓自己的智慧、誠實與堅持淩駕於那些缺陷之上。當一個人願意承認自己的軟肋時，才有可能讓堅強的那一面真正閃耀。

弱點不是絕症，而是提醒。提醒你哪裡還能進步，提醒你有能力變得更好。人生這條路，不是選最容易走的，而是看誰最懂得補洞、填縫、築牆。想改變命運，別再只強調你擅長什麼，而是要誠實面對那個讓你停滯的地方。

能力上的缺口不會自動消失，只有透過不斷學習、努力補強，才能真正轉化為力量。別讓命運因為一個小缺陷而改寫你的全局。從今天開始，問問自己：我準備好修補自己的缺口了嗎？

認清弱點，才能翻轉局勢

當你察覺到自己的弱點，最忌諱的就是放著不管。許多人明知道哪裡薄弱，卻選擇視而不見，以為不碰就不痛，卻不知道這樣的態度才最危險。缺點若不補強，時間一久，它將成為你失敗的導火線，甚至影響整段人生軌道。

修正弱點並不是天方夜譚，它其實有跡可循。從無數成功者的經驗來看，提升弱項通常有兩條路：一是針對性學習，二是大量實作。這兩者看似老調重彈，卻是最實際、也最有效的方法。

但關鍵不在「怎麼學」，而是「學什麼」。一個人的時間與精力有限，若什麼都想碰，最後只會樣樣通、樣樣鬆。與其分散力氣，不如對準痛點，集中火力修補。

精準下功夫，才能真正補強

你要補強的，不是看起來有趣的，而是你真的不行的。很多人學一堆新東西，但弱點依舊沒變，原因就是沒對症下藥。胡適年輕時求知若渴，涉獵極廣，但直到留學美國時才驚覺自己缺乏深入，他才痛下決心，專攻實用主義，最後成為思想界的一代重鎮。

這也像愛因斯坦與黑格爾，他們雖然涉獵廣泛，但起點始終明確。哲學家先研究哲學，科學家先鑽研理論，再由核心延伸出去。他們的知識網雖然寬廣，卻不是無章法的雜亂，而是以「專」為主軸，有層次地延展。這也是我們改善弱點時應有的路線圖。

所以，真正重要的是問清楚：「我最不擅長的是什麼？」是邏輯思考還是人際溝通？是執行力不足，還是缺乏自律？只有鎖定問題核心，學習才有意義，才不會白白耗掉心力。

重複修正，才能把劣勢變優勢

學會後，還得練。彌補不是一次完成，而是需要反覆試錯與調整的過程。一次實作，一次總結，再一次突破。這種「疊代」式的進步，看起來慢，卻穩定又深刻。透過每次修補，你不只改變了技能，也改變了思考方式。

有些企業會倒閉，不是沒有能力，而是某個被忽略的小缺口造成全面崩盤；有些人原本天資不差，但因為懶得改正習性，最終敗在最不起眼的那一點上。

你要知道，擁有弱點不是錯，不去改變才是真正的問題。當你能坦然面對，並願意持續修正，原本的漏洞就能被轉化為推進的動力。

每個人身上都有不完美的角落，但真正的成長，是從補洞開始的。找出你的關鍵弱項，然後用對方法、重複鍛鍊，缺點就能成為你日後的王牌。

別再拖延，別再害怕看見自己的不足。今天開始，動手修補，讓曾經的破口，成為你邁向高處的突破點。

細節之重，成敗之分

在日常生活中，我們總能聽到某款產品被爆出問題，有人說吃得不安心、用得沒保障。這背後的核心，其實不外乎「品質失守」。品質，不只是企業的招牌，更是它存續的根本。

對企業來說，品質不僅是承諾，更是生死線。無論是原料採購、製程控管，還是出貨檢驗，都是一條條環環相扣的鏈，每一環節都有它無法替代的角色。只要一人鬆懈、一處疏忽，就可能讓整體努力功虧一簣。

因此，企業中的每一個人，都必須對自己手上的工作負責，不僅是對上級、對同事，更是對顧客。當每個人都能用「下一道工序就是顧客」的心態面對工作，企業才有可能真正實現零錯誤、零容忍的品質標準。

99.9% 不等於安全

曾經有段關於美國空軍與降落傘廠商的往事令人印象深刻。二戰期間，美軍對降落傘安全的要求極高。某家廠商自豪地宣稱良品率達到 99.9%，但軍方卻堅決要求 100%。為了讓廠商理解這個「苛求」，軍方提出新規則：從當週交貨中隨機挑一個降落傘，讓廠商主管親自從高空跳下。

這個制度一推出，降落傘的不良率瞬間歸零。因為他們終於明白：那「0.1% 的瑕疵」，對跳傘的人而言，是 100% 的危機。從這個故事中我們學到：在某些環節裡，「幾乎沒有錯」根本不是藉口。

回頭看看我們的日常，不少人對工作常抱著「差不多就好」的心態。若產品包裝上出現一根頭髮、一道刮痕，廠商也許會說「十萬件就這麼一件」，但對消費者來說，這就是百分之百的瑕疵。從這個角度來看，品質不是追求完美，而是避免遺憾的最基本責任。

許多企業失去市場的關鍵，不是因為產品無競爭力，而是某次看似微不足道的品質疏失，讓品牌形象崩塌。

某家曾名聲響亮的紡織機械製造商，就是活生生的例子。金融風暴期間，該公司靠著裁員與縮減規模勉強生存；市場回暖後訂單暴增，工廠全力趕工，結果品質逐漸下滑。小缺陷開始浮現，口碑也隨之崩潰。多年建立的信任，一夕之間瓦解。

人常說「成也細節，敗也細節」。無論企業還是個人，只要為了一時效率或成本，忽略品質，就有可能讓千次的努力毀於一次的疏忽。做人做事若忽視這一點，將來就得付出更大的代價。

你的堅持，決定你值多少分

無論你是一線員工還是高階主管，你的每一次「將就」都有可能成為別人無法原諒的錯誤。別讓「幾乎沒錯」成為你逃避責任的藉口。當你願意為自己的每一件小事負責，從不放過任何一個可修正的細節，那麼你也將成為真正值得信賴、無可取代的一環。

別讓一點點鬆懈，拖垮整體價值。一劣足以敗千優，願我們每個人都能守住品質的底線，為自己，也為他人。

細節是成敗的關鍵

真正成大事的人，從不輕忽任何細節。偏偏有些人總想一鳴驚人，卻不願從基本功做起，結果往往「畫虎不成反類犬」。

細節看似微小，但往往潛藏著致命風險。從管理、制度到個人習慣，任何一處小疏失，都可能演變成大問題。一架飛機可能因一顆螺絲鬆動而墜毀，一場大型活動可能因電線短路而釀成災難。細節，從來都不是可有可無的點綴，而是撐起整體的骨架。

有間小學曾在例行安全巡查中忽略樓梯間的一處磚面裂縫，結果在雨季時，滲水導致滑倒事件頻傳，甚至有學生因此骨折。學校聲譽一落千丈。事後調查報告指出：原可在第一時間就維修補強，但因「不急」、「不嚴重」的觀念導致悲劇。這不正是「千里之堤，潰於蟻穴」的現代翻版嗎？

微小的裂縫，可能是崩壞的開始

細節會改變什麼？從歷史到現代，答案已經夠明顯。北齊的祖珽才氣縱橫，卻因屢屢偷竊小物留下罵名；唐甄說：

「一臠之肉，能敗十世之德」，再有才華，若在小節失德，終究敗壞了所有累積的名聲。

現代職場亦然。不少貪污醜聞並非從巨額交易開始，而是從一杯咖啡、一頓飯局開了頭。當「這不算什麼吧」的僥倖心態成為慣性，就像河堤中那道小縫隙，總有一天會在暴雨中崩塌。

金融史上最震撼的一次倒閉案例 —— 英國百年老銀行霸菱銀行（Barings Bank），也正是這樣的故事。前交易員李森，原本只是隱瞞小額虧損，最初的操作不過是想把損失補回來，但細節未被監管發現，風險越滾越大，最後導致整家銀行宣告破產，他個人坐牢，名譽掃地，而這一切的開端，只是從幾筆未被查核的錯帳開始。

偉大，始於精微

細節不是瑣碎的代名詞，而是成就的起點。你對小事的態度，就是你對大事的準備。有人說：「成大事者不拘小節」，但事實證明，真正的大事從來都是小節組成的。

不論你身處哪個職位，不論你是誰的下屬或上司，請記得：細節之處，見真功夫。那些能夠一再避免錯誤、堅持標準、不斷自我修正的人，才是最終能在亂世中站穩腳步的人。

別讓一個看似不重要的選擇，成為你人生轉折的警鐘。細節若被輕忽，終將反噬全局；反之，若能把關每一個環節，人生與事業才會穩如磐石。你看重的每一個小節，終將成就你不可替代的價值。

善用優勢，擴展人生舞臺

最近翻到一篇簡短的寓言故事，豹在炫耀牠斑斕的皮毛，而狐狸則笑說：「你外表漂亮，我則有一顆聰明的腦袋。」這句話點醒我，能力的價值不全然來自表象，而在於如何運用自身所長。

我曾經認識一位視障者阿明，在一家出版社擔任有聲書的品管編輯。別人以為他只是象徵性地坐個辦公桌，但實際上，他能憑藉對聲音極高的敏感度，挑出節目中其他人根本察覺不到的細微雜音與口誤。他的聽力超乎常人，成為團隊中不可或缺的專業資產。雖然失去了視覺，但他卻找到了另一扇屬於自己的窗。

同樣讓我印象深刻的還有一位飯店服務生阿全，他個子不高，常被取笑為「小矮人」。不過他從不自怨自艾，反而以幽默化解尷尬，對客人總是笑容滿面，動作俐落又親切，深受大家喜愛。最終他憑藉優異的顧客滿意度與管理潛力被提拔為樓層主管。他不但沒被身高所限，反而讓自己的態度與能力高人一等。

長處不只用來炫耀，而是補全缺點的力量

旅遊領隊雅婷並不是長相亮眼的那種，甚至她自己也自嘲：「我這張臉不走花瓶路線，走的是笑話路線。」她總能在行程中用一連串幽默風趣的講解，搭配貼心的安排讓全團開懷大笑。她深知自己不靠外貌取勝，於是努力強化知識和說話技巧，讓每位旅客回去都口耳相傳：「這位小姐不只懂玩，還超會說。」她用智慧轉化劣勢，成功贏得大家的信任。

真正懂得經營自己的人，都會從缺點中找到學習的方向。哪怕起點並不亮眼，只要能堅持投入在自身長處，缺點便不再是致命弱點，反而能成為另一種被看見的方式。不是完美才有價值，而是懂得如何發光才有意義。

長短之間，自有格局

卡內基說得沒錯：弱點在庸人手上是藉口，在強者心裡則是轉機。沒有人天生完美，每個人都像不完整的拼圖，但懂得補強，就能拼出完整的自己。

我們無法選擇天賦與出身，但可以選擇態度與努力。當

你能以自己的強項去補足弱項，當你願意放下比較、深掘潛能，就會發現：人生本無定式，每個人的成功藍圖都獨一無二。

世界上沒有不能飛翔的蝴蝶，只有忘了如何張開翅膀的毛毛蟲。記住，發現你的光，才能照亮前方的路。

借人之力，成己之功

接納他人優點，是成長的捷徑。若只盯著自己的長處，自滿自足，最終只會困在自己的框架裡走不出來。

「知人善任」並非管理者的專利，它其實是一種智慧的處世哲學。成功的人往往不是最全能的，而是懂得如何借助別人的長處來補足自己的缺點。

當年曾在倫敦創業的一位設計師林凱文，年輕時憑著出色的創意和執行力在時尚界嶄露頭角，卻因為不擅長財務管理而讓事業陷入瓶頸。最終他選擇引進一位資深財務顧問來負責經營層面，專心做創作，品牌才得以穩定成長。林凱文曾坦言：「我之所以能走到今天，是因為願意承認自己不擅長，也願意讓更專業的人來幫我。」

拋開自滿，才能放大格局

在知識與資源爆炸的時代，資訊互通，專業分工越來越細。我們更不可能事事親力親為，因此要懂得「借他之智，補己之缺」。

曾聽過一段採訪，一位年輕的女性企業家經營一間咖啡品牌，早期她總覺得自己要包辦所有事情，包括產品研發、市場行銷、顧客應對。結果半年下來，幾近崩潰。後來她坦承自己的行銷思維不夠敏銳，於是找來一位行銷主管，全權負責品牌定位，自己則專注在品質管控與風味創新，最終成功將品牌打入國際市場。她說：「認輸不是弱點，反而讓我贏得整盤局勢。」

不只企業，國家也是如此。美國能在短時間內崛起成為強權，除了本身資源豐富，更關鍵在於擅長吸收各國菁英與制度精華。從歐洲吸收法律與科學體系，從亞洲學習製造與教育制度，他們不會因為別人的成功而感到羞辱，反而主動學習並加以應用。

做人何嘗不是如此？你可能口才不好，但你可以學會觀察；你可能動作不快，但可以靠細心取勝；你可能一時看不見路，但別人看得見。學會欣賞別人，不是放棄自己，而是替自己開一扇窗。

善於借力，是修養也是戰略

我們從兩個簡單的小故事可以得到啟發。

一位新加坡小吃攤老闆，因為不擅長記帳，常常帳目混亂。有人建議他請會計師，他卻說：「我只是小生意，不需要這麼正式。」結果稅務出問題後才知道「小事不補，大事難救」。最後他聘了一位退休記帳員協助整理帳目，事業從此走上正軌。

另一位舞臺劇演員出身的導演，初入電影圈時對鏡頭語言一竅不通，第一部作品拍得雜亂無章。他沒有逞強，而是回去讀電影課程，並主動向一位資深攝影師學習鏡位運用技巧，第二部片就入圍國際影展，從此打開事業版圖。

一個人想走得遠，靠的從來不是「什麼都會」，而是「知道自己不會什麼，然後願意補足」。

知不足，方能自強。懂欣賞，才會進步。願我們都能以開放的姿態迎接世界，借人之長，為己所用，不斷進化，走向更寬廣的天地。

平衡工作與生活，追求和諧的人生

在現代社會中，工作與生活的平衡已成為許多人關注的焦點。這種平衡不僅影響個人的幸福感，還關乎心理健康和職業滿意度。根據世界衛生組織的定義，過度工作可能導致職場壓力，進而引發情緒、動力和生產力的下降。

實現工作與生活平衡的策略

1. 確立優先事項與價值觀

首先，個人需要確立自己的優先事項和價值觀，包括家庭、健康和事業等方面。了解這些有助於在日常生活中更有效地分配時間，做出更有意義的決策。

2. 設定現實可行的目標

將大目標分解為小步驟，並為每個目標設定明確的截止日期，可以幫助逐步達成理想狀態。此外，學會根據任務的重要性和緊迫性來確定優先順序，以更有效地利用時間。

3. 建立明確的界限

在工作與生活之間設立明確的界限是避免倦怠的重要措施。指定特定時間用於工作，同時也要為個人活動留出時間。在休息期間遠離工作相關事務，可以幫助重新充電，提高整體生產力。

企業在促進員工工作與生活平衡中的角色

企業在促進員工的工作與生活平衡方面扮演著關鍵角色。以下是一些企業可以採取的具體措施：

1. 提供靈活的工作安排

許多企業已經開始提供靈活的工作選項，包括遠端工作和彈性工時。這不僅能減少通勤時間，也讓員工能夠更好地管理家庭責任和個人興趣。

2. 創建支持性的企業文化

建立一個鼓勵開放溝通和支持員工需求的企業文化至關重要。企業應該鼓勵員工表達他們對於工作的期望以及如何更好地支持他們達成個人目標。

3. 提供健康計畫與福利政策

提供全面的健康計畫，包括健身補助、心理健康支援以及帶薪休假政策，可以顯著改善員工的整體福祉。研究顯示，擁有良好福利政策的公司往往能吸引並留住更多人才，同時提升整體生產力。

實現工作與生活的平衡需要個人和企業的共同努力。個人應該確立優先事項，設定可行目標，並建立明確的界限。企業則應提供靈活的工作安排，創建支持性的企業文化，並提供完善的福利政策。只有這樣，才能共同創造一個更加和諧的職場環境，提升個人幸福感和生產力。

掌握商道的關鍵修練

在競爭激烈的商場中，經營並非單靠運氣，唯有具備真正實力與策略眼光，才能站穩腳步。有人形容商場如戰場，雖然沒有硝煙，但決勝負的戰火卻更加無情。若沒有足以面對挑戰的智慧與實力，再多的熱情也難以撐起成功的大旗。

而要成為一位出色的經營者，首要條件便是具備全面的商業能力，懂得因勢利導、靈活應變，更要能夠帶領團隊邁向穩健成長。

商業成功的基本功

首先，在整體經營能力上，有三項能力不可或缺：

規劃與判斷力：企業的方向不能靠猜，經營者必須善於評估外部環境與內部條件，制定具前瞻性的發展策略與目標。少了這個能力，企業容易陷入盲目擴張或原地踏步的困境。

整合與執行力：一家企業的運作牽涉到產品、行銷、人事、財務等各環節，經營者要能釐清流程、整合資源，讓每一個部門、每一份人力，都發揮最高效益，這樣整體才會動得起來。

領導與溝通力：一位稱職的主管不僅要會下決策，更要懂得溝通、說服與激勵，讓團隊上下有一致的方向。不僅要下「正確的指令」，更要確保團隊理解並願意執行，避免「朝令夕改」造成混亂。

經商者最常忽略的軟肋

然而，許多初入商界或尚未穩定下來的創業者，往往忽略了幾項看似瑣碎卻極其關鍵的能力：

人際關係的經營力：經商說到底是「人」的事，無論是合作、談判、甚至客戶經營，皆需與人應對進退。難怪鋼鐵大王卡內基說，他願意花90%的時間來經營人脈，這不是客套話，而是真正的生意之道。

情緒管理的成熟度：商場上容不下任性。喜怒形於色、因個人情感而左右決策，只會讓企業暴露於風險之中。懂得控制情緒、冷靜應對，是一種高度的自我修練。

獨立判斷與辨別真偽的能力：市場消息紛繁複雜，若缺乏獨立思考能力，容易人云亦云，甚至落入陷阱。模仿競爭對手並不等於借鏡，有時反而會迷失方向。

數據分析與問題識別力：懂得從數字中看出問題與機會，是現代經營者必備能力。從財報裡看出哪裡耗損過大、哪裡還有潛力、利潤點在哪裡，這是「用數字說話」的真本事。

資金管理與風險控制能力：只會賺錢不會管錢的人，必定守不住財富。錢若留不住，就像開著漏洞的桶，注再多也滿不了。懂得理財、分配、投資，才是財富累積的正解。

冶鐵還需自身硬

經商就像冶鐵，鐵料品質要好，鐵匠的手藝更要精準。新時代的企業主面對變局多、風險高，若沒有一套完整的能力架構，稍一疏忽，就可能功虧一簣。

與其羨慕別人站上高峰，不如想想自身的弱點，從弱點中找出突破的關鍵。當你的能力足以經得起時間與市場的考驗，經商之路，自然能越走越寬。

治國之道，能力為本

政治從來都不是單靠熱情與道德就能成就的領域，它是一門深奧的藝術，需要理智、手腕與全局觀。僅有一腔熱血，卻缺乏戰略判斷與操盤能力，往往只能在政治棋局中成為被動的棋子。就如金庸筆下的陳家洛，外貌俊朗、文武雙全，對國家民族充滿理想，卻在實際政治運作中屢屢犯錯，最終導致紅花會解體、英雄枉死。不是因為他缺乏操守，而是缺乏從政的「實力」。

當初紅花會群雄迎他為總舵主，寄望他能憑與皇帝的親情來促成改革，可惜他太容易相信他人、情感用事。與乾隆數次會面，他漸漸卸下防備，將個人情誼凌駕於革命大業之上。他的政治錯誤還包括過早暴露紅花會潛藏勢力，導致戰略部署全線崩解。他並非無能，而是未具備政治家該有的冷靜與格局。

這種錯誤，正顯示出一個人的從政能力並不能只靠「被認為適合」，而需經得起局勢考驗。領袖，不只是在臺上風光，更要能在關鍵時刻做出正確抉擇。從政之路，不能是他人安排的命運，而是必須擁有承擔大任的使命。

現代公職，講究綜合能力

現代社會中，成為一位優秀的公務員，不再只靠學歷或文憑，而要具備多元能力。首先，是觀察分析力。能從表象看出潛在問題，預測政策影響。其次是理解與學習能力，政策不斷更新，若不能迅速吸收與轉化知識，就難以應變。

溝通協調力也是核心能力之一。身在公部門，不論對內還是對外，皆需整合各方意見，建立信任與合作關係。應變力同樣重要，面對社會事件、突發危機，是否具備冷靜應對與即時決策的能力，直接影響民眾觀感與政策成效。

此外，自我管理不可忽視。一位從政者若不能管理好情緒與時間，極容易因壓力而失控，甚至做出錯誤決策。從政的壓力大、變數多，唯有內在穩定，才能應對外部。這些能力的培養，不是紙上談兵，而是需要實際經驗的磨練與深度反思的累積。

政治是一場持久戰

政治，不是舞臺劇，也不是浪漫小說。它是一場持久的博弈，需要過人的耐性、強大的心理素養，以及持續學習與應變的能力。像陳家洛這樣的角色，雖然讓人同情，但也提醒我們：從政不只是善良，更要聰明，不只是熱血，更要精準。唯有認清自己的優勢與不足，努力修補、持續成長，才可能在政治這條道路上走得更穩、更遠。你若志在公職，就從今天起，讓自己成為一個值得託付的人才。

第三章
朋友，
是你運氣的藏身之處

　　朋友在人生旅途中所扮演的角色，遠比表面來得重要。許多時候，一個看似偶然的機會，其實背後都藏著一段人脈的牽引。現代社會的運作模式早已說明，機遇並非憑空出現，而是透過「人」的連結與互動產生的。當你擁有豐富且深厚的人脈資源，自然能接觸到更多資訊、資源與可能性，你的舞臺也會因此被拓寬，發展空間隨之放大，成功的機會也就比別人多。

　　或許朋友不能直接轉化成收入，也不可能當成實質的金錢使用，但他們所蘊含的潛力卻遠遠超乎想像。朋友不只是情感的陪伴，更是人生中不可忽視的無形資產。他們是你在職場上的助力，在人生關卡的推手，也是你在風雨中前行時的重要支撐。經營友情、珍惜每一段人際關係，就是為自己的未來持續投資，當你願意付出真誠與信任，朋友所帶來的回饋，將超過你所預期的價值。

朋友，是你生命中的資產

「多個朋友多條路」，這句話雖簡單，卻蘊含了人際互動的真理。在現代這個資訊迅速變動的社會裡，朋友不只是情感依靠，更是人生旅途中一種潛在的支撐力量。無論從政、經商，或是務實生活，朋友就像陽光一樣，能驅散陰霾，照亮前行的路。尤其在關鍵時刻，朋友的一句話、一則訊息，可能就是改變命運的契機。

從古至今，流傳著無數摯友情誼的佳話：俞伯牙與鐘子期因「知音」而成千古典範，李白與杜甫則用詩篇記錄彼此的豪情與共鳴。這些故事讓我們相信，一段真摯的友情不僅能抵擋歲月的變遷，更能在困境中給予力量與慰藉。只是，在這個社會步調越來越快、關係日漸疏離的時代，能用心經營朋友、珍惜彼此，反而成了一種難得的能力。

懂得交友，是種智慧

什麼樣的人是朋友？不是與你交際寒暄、稱兄道弟的人，而是能真正理解你、支持你的人。當你失落時，願意陪你說話；當你成功時，能由衷祝賀你；當你陷入迷惘時，給你建議而非評斷；更重要的是，他會在你誤入歧途之前拉你一把。這樣的朋友，是人生中難得的寶藏。

然而，朋友不會憑空出現，而是來自長期的真心付出與信任建立。有些人說自己沒朋友，其實不是沒機會，而是少了誠懇經營的心。交朋友不該只為利益，也不應只限於特定圈子，而是放下自我，放眼廣闊世界，才可能拓展真正的人脈。交一個值得深交的朋友，比認識一百個無關痛癢的人來得實際許多。

在職場上，良好的人脈是資源，能提供資訊、合作機會與情緒支持；在人生中，朋友則是精神的後盾，能在你最無助時給予勇氣。在一個資源分配競爭激烈的世界裡，有時候，人脈甚至比金錢更能帶你突破困局。

讓友情成為你生命的助力

每個人都會遇到低潮、迷茫與選擇困難的時刻。這時候，一位值得信任的朋友，往往就是你思考方向的參照點、情緒的出口。他的話語可能不是專業建議，卻能讓你釐清思緒、提振精神。而與人為善、心懷同理心，也會讓你在交友過程中，不知不覺豐富了自己的人格，提升了情商。

當然，選擇朋友也需謹慎。真朋友能讓你成長，假朋友卻可能拖你入泥潭。那些只懂應酬、唯利是圖的人，不過是酒肉關係，終究無法在關鍵時刻為你擋風遮雨。因此，交友貴在真誠，也貴在智慧，唯有建立在信任與尊重之上的友情，才能真正走得長遠。

友情不是裝飾品，而是一份需要灌溉的情感田地。願我們在茫茫人海中，都能遇見幾個值得深交的朋友，也願我們都能成為他人值得信賴的那個人。

維繫友情，就是經營人脈

朋友在人生中的地位無可取代，他們不只是情感上的依靠，更是你走在人生路上最實用的人脈資源。當你陷入困境時，最可能伸出援手的，不是遠方的貴人，而是身邊那些熟悉你、理解你的人。離開了朋友，你可能就失去了通往機會的大門；擁有朋友，就像擁有了穩定可靠的後盾，讓你在人生的關鍵時刻有所依靠。

尤其在競爭激烈、資訊爆炸的現代社會，朋友的價值遠超你想像。他們可能是你創業時的第一筆訂單，是你轉職時關鍵的一句推薦，是你迷茫時最中肯的提醒。朋友就像一棵樹，根深才能蔭蔽你在風雨之中。而這棵樹，不是天上掉下來的，而是你用時間、心意與信任慢慢種下與澆灌的。

許多成功的人士都有一個共通點，那就是善於經營人脈。交朋友不難，難的是維繫。現代人生活忙碌，常常忽略了與朋友之間的情感交流。曾經一起並肩奮鬥的夥伴，可能只因沒打幾通電話、錯過幾次邀約，就逐漸疏遠。但真正有遠見的人，知道經營友情和經營事業一樣重要。

朋友是人生最穩固的資本

想要保持這份人脈的溫度，其實並不需要鋪張華麗的應酬，只要在適當的時候打通電話、傳句問候，甚至偶爾約個便飯、聊聊天，就足以讓感情重新連結。就像曾在報社工作的一位年輕人，因為與客戶打下良好關係，當他自行創業時，這些人脈變成了他最堅實的支援，幫他在激烈競爭中勝出，順利拿下獨家代理權，成為一位成功的企業主。

友情不僅能助你事業騰飛，更是心靈的歸屬。在煩惱時，有人傾聽你的困擾；在得意時，有人提醒你不忘初心；在迷失時，有人拉你一把，讓你不至於偏離人生方向。真正的朋友，能讓你在情緒低谷時看見希望，在無助時找到支撐。

朋友不只是一段情感連結，更是一生值得投資的人脈資產。他們或許不總在你身邊，但他們的存在讓你在這個複雜的世界中不再孤單。別因忙碌而忘了經營友情，因為真正的朋友，是你永遠的力量來源，也是你人生最穩固的資本。

選對朋友，選對人生的出口

有人說:「一個人能飛多高，取決於你身邊有誰幫你展翅。」在這個人際關係密不可分的時代，朋友早已不只是陪你吃飯聊天的對象，更是影響你視野與命運的重要力量。能帶來正面影響的朋友，就是你生命中最好的貴人，他們或許不富有、無權勢，但卻能在你需要的時候提供清晰的方向與溫暖的支持。

創業女子陳曉筠，原本在補習班擔任行政助理，日復一日的重複工作讓她漸漸失去目標。她的國中同學子晴在一次聚會中鼓勵她學習程式設計，並分享自己靠寫 APP 轉職的過程。陳曉筠一開始並不確定自己是否適合，但子晴主動協助她報名課程、介紹相關資源，還邀她參加女性科技社群。這些交流讓她建立信心，也拓展了人脈。兩年後，她成立了一間教育科技公司，靠著朋友的鼓勵與資源起步，走出一條嶄新的職涯之路。

真誠的友誼，是靈魂的淨化器

真正的朋友，不在你成功時高聲歡呼，而是在你迷惘時默默守候。朋友之所以可貴，是因為他們不是來比較輸贏，而是來照亮彼此的盲點。與其交一群只懂表面寒暄的朋友，不如交幾位能讓你成長、提醒你、甚至願意拉你一把的人。這些益友，就像人生的導航系統，不只幫你躲開風險，更讓你找回自己。

在現實生活中，我們難免有情緒低落、方向迷失的時刻，而益友的存在，能讓你在困頓中不孤單。哪怕一句話、一個眼神、一頓簡單的飯局，都可能改變你的一整天。友情的價值不在於數量，而在於質地；不在於聲勢浩大，而在於彼此理解。正如老子所言：「善者不辯，辯者不善。」一個真正的朋友，總在你最需要時靜靜站在你身邊。

選對人，是人生最關鍵的投資

我們無法選擇出身，但可以選擇同行的人。與正向、有智慧的人為伍，能讓你從他們的生命故事中汲取養分，也更容易從失敗中站起來。運氣不是天上掉下來的禮物，而是藏在你交的每一個朋友裡。益友，不只是一份情誼，更是一股穿越低谷、走向高峰的力量。你的人生會遇見什麼樣的風景，往往取決於你身邊站著什麼樣的人。

用真情打造人生的黃金資本

現代人生活繁忙，對金錢的追求早已根深蒂固，甚至不少人認為，只要有錢，什麼都能買到。然而，真正走過人生風雨的人都會明白，有些東西再多金錢也換不到，比如真誠的友誼。

有一位創業者林育修，三十歲那年放棄了穩定的高薪職務，投入風險極高的環保科技產業。創業初期，他資金吃緊、產品尚未成熟，在多次向銀行貸款遭拒後，他一度想放棄。就在這時，他的高中同學王志翔主動找上門，不問利潤、不提條件，將自己多年積蓄借給了林育修。

這筆資金幫他撐過了最關鍵的試驗階段，也讓林育修的技術得以成功落地，幾年後公司獲得國際大廠青睞，事業一飛衝天。林育修後來回憶：「當時我有的不是資產，而是朋友給的信任。沒有這份信任，我的公司可能早就倒閉了。」

真誠的友情，是在你一無所有、前途未卜時，仍願意相信你的人。他們不計得失、不求回報，正因如此，這樣的關係才更顯可貴。錢能解決一時的困難，朋友的支持卻能改變你的人生。

把義氣當資產經營

我們常說人脈是資產，但真正有價值的不是名片的人數，而是那些在你落難時願意伸手相扶的人。這樣的關係靠的不是利益，而是平日裡一點一滴的真誠相待與義氣經營。

在功利社會中，我們難免會把太多時間投入在追逐成就與物質上，卻忽略了情感關係的維繫。許多人因為工作忙碌、生活壓力大，與過去的摯友逐漸疏離，等到真正需要人陪伴、需要一雙手拉一把時，卻已找不到人了。

維持友情，不需要大手筆，只需要用心。一次主動問候、一頓簡單便飯、一句關心的話語，都能讓一段關係延續下去。真正的朋友，是在你風光時不巴結、落魄時不嫌棄，願意一路與你同行的人。

讓情誼成為最穩固的資本

錢財固然重要，它能保障生活、帶來自由，但若一個人孤立無援，沒有任何情感支持，那再多的金錢也只是一堆冷冰冰的數字。相反地，有些人雖不富有，卻因為有朋友的陪伴、支持與鼓勵，依然能走過困境，活出燦爛。

一位心理師曾說：「一個人的幸福感，不來自他擁有多少錢，而是來自他在困難時有多少人可以依靠。」這句話或許聽來簡單，卻道出人生真義。

當你走到生命的某個階段，終將明白：存摺裡的數字會升會降，股票會漲會跌，只有那些願意為你雪中送炭的朋友，才是你最穩定的資本。

當你選擇朋友，也是在選擇命運

在現代社會中，一個人的成就不再只靠單打獨鬥，而是倚賴於他所擁有的人脈與交往品質。許多人成功的背後，不是單靠才智與努力，而是因為他們與對的人同行。的確，能力固然重要，但「你認識誰」往往比「你是誰」更能左右成敗。

每個人都會在生命中遇到無數的人，但真正會對你產生深遠影響的，往往是那些能直言相勸、看見你盲點的人。很多人只喜歡聽好話，身邊圍繞的都是稱讚拍馬之輩，卻不知道那些敢於指出你錯誤、潑你冷水的人，才是你該緊握不放的真朋友。就像父母對子女的嚴厲是出於愛，朋友的直言也是為了提醒你別偏離方向。

在日常生活中，你的朋友正在悄悄塑造你。與積極進取、誠懇有識之人相處，你會不自覺地向上；若與投機取巧、口蜜腹劍之人為伍，則極可能誤入歧途。這就是為何「近朱者赤，近墨者黑」能穿越時代仍被奉為金言。朋友的類型不僅決定了你的情緒，更牽動著你未來的選擇與方向。

選擇益友，是經營人生的第一步

與其問「該不該交朋友？」不如問「該交什麼樣的朋友？」沒有朋友，你的世界將是一座孤島；有了錯誤的朋友，你的世界可能會變成一片泥沼。真正的益友，不在於他們多會奉承你，而是他們願意在你得意時提醒你腳下的路，在你困頓時拉你一把，在你迷失時指明方向。

在創業或職涯初期，靠自己的努力固然必要，但唯有在適當時機獲得適當協助，才能少走冤枉路。朋友之間的推薦與信任，往往比任何履歷與業績更具說服力。這正是人脈的價值——當你無力前行時，它會推你一把;當你準備好了，它會替你敞開一道門。

身邊的朋友決定你的未來

朋友不是數量的遊戲，而是品質的選擇。那些看似嚴厲、言辭尖銳的朋友，也許正是你人生的指路人；而那些總讓你覺得舒服、輕鬆的朋友，也可能是你腳步放慢、方向偏移的隱性推手。交友不是單純的應酬，更是一種深遠的投資。

你選擇什麼樣的朋友，也就是選擇什麼樣的未來。讓我們以審慎與誠意看待每一段交情，珍惜那些願意直言相諫的知己，也經營那些能互相成就的友情。因為真正的朋友，不只幫你成功，更會陪你走過失敗，並一起創造更好的自己。

環境決定你的未來

在古代楚國，有位擅長觀察人際關係的智者，被楚莊王召見。這位智者對楚莊王說：「我並不是真正擅長相面，而是透過觀察一個人所結交的朋友來判斷他的未來。平民若身邊都是孝順、誠信、勤奮之人，那麼他的家庭將日漸興旺；官員若結交的都是忠誠為民、智慧謹慎之人，那麼他的仕途將蒸蒸日上；而君主若身邊都是剛正不阿、忠心輔佐之臣，國家則必然穩定昌盛。」楚莊王聽後深以為然，開始廣納賢才，最終成就了一番霸業。

這則故事不僅是對古代君主的啟示，更適用於我們每個人。現實生活中，與誰相處、與誰合作，往往決定了我們的成長軌跡，甚至影響我們的一生。優秀的夥伴能激勵你奮進，帶你走向更高的層次，而墮落的環境則可能讓你停滯不前，甚至走向平庸。你選擇與什麼樣的人為伍，最終你就會成為什麼樣的人。

選擇的圈子，影響人生高度

有句話說：「你身邊最親近的五個朋友，決定了你的未來。」這並非虛言，而是社會心理學的真理。當你經常與上進、勤奮、積極的人交往，他們的思考方式、行動力、價值觀會在潛移默化中影響你，使你變得更有動力和目標；相反，若你與消極、抱怨、不思進取的人為伍，你也很難保持積極的心態，更遑論突破自我。

科學研究顯示，人類是極易受到環境影響的生物。積極的夥伴會激發內在潛能，使人更具創造力和執行力；而消極的環境則會蠶食人的鬥志，讓人變得懶散、缺乏進取心。因此，選擇與誰同行，決定了你能走多遠。

有些人天生並不比別人優秀，但因為選擇與卓越者為伍，得到了更好的學習機會與成長環境，最終取得了非凡成就。例如許多企業家在創業初期，並未具備強大的資源和能力，但因為接觸到業界菁英，學到了關鍵知識與策略，從而成功翻身。這就是環境對個人成長的巨大影響。

如何進入卓越者的圈子

1. 主動結識優秀的人

不要害怕接近那些比自己優秀的人，因為他們身上有你尚未掌握的智慧與經驗。參與專業講座、社群活動、產業論壇，都是接觸菁英的好方法。關鍵在於積極學習，並展現誠懇的態度，讓對方願意與你交流。

2. 培養自身價值，吸引優秀人脈

只有當你自身具備一定價值時，才能吸引到高品質的人脈關係。持續提升專業技能、拓展視野、增強表達能力，讓自己成為值得交往的人，這樣你才能在卓越者的圈子裡立足。

3. 從優秀者的思考模式學習

與成功人士交流時，關注他們如何思考與決策。他們如何面對挑戰？如何規劃未來？這些思考方式是決定成就高低的關鍵。與其模仿表面的行為，不如深入學習他們的邏輯與行動原則。

4. 遠離負能量圈子

若你身邊充滿了消極、不思進取、只會抱怨的人，那麼你應該考慮改變交際圈。長期處在負面環境中，會讓你逐漸喪失鬥志，甚至開始接受「平庸才是常態」的觀念，這將極大限制你的發展。

與優秀者同行，改變人生軌跡

曾經有位年輕的企業家，初創時期因資源有限，發展受阻。後來他透過產業論壇認識了一位成功的創業家，這位前輩在交流中不僅給予他寶貴的建議，還引薦了重要的投資者，最終使他的企業得以突破困境。這位年輕企業家後來感嘆：「如果不是當初進入這個圈子，我的事業可能還停滯不前。」

這樣的案例比比皆是。許多默默無聞的運動員，在與世界級選手訓練後，技術突飛猛進；許多學生在聆聽大師的演講後，燃起了對知識的渴望；許多職場新鮮人，在與業界頂尖人士交流後，確立了自己的人生方向。

成功者總是與成功者為伍，他們彼此激勵、互相學習，並在不斷的挑戰中突破自我。而那些停滯不前的人，則往往沉浸在與自身水準相同的圈子裡，缺乏足夠的刺激與壓力，最終止步不前。

你的未來取決於你現在的選擇。如果你希望成為更優秀的自己，那麼請確保你的生活圈裡充滿積極進取的人。學習他們的思考模式，吸收他們的智慧，並讓自己持續進步。

人生的高度，由環境決定。與其抱怨自己缺乏機會，不如主動尋找更優秀的夥伴，讓自己進入更高層次的圈子。當你站在更高的視角時，世界將為你展現全新的可能。

所以，從今天起，選擇與卓越者同行，讓自己站上更高的舞臺，迎向更璀璨的人生！

情誼不止當初美

有時候，一則久違朋友傳來的簡訊，會讓我們驚覺：原來已經這麼久沒有聯絡彼此了。靜下心一想，不只這一位朋友，還有好多曾經無話不談、形影不離的夥伴，早已淡出我們的生活。不是不在乎，只是不知不覺，聯絡這件事變得越來越稀疏。

我們常說工作忙碌、生活壓力大，這些確實會占據大部分心力。可是當真正靜下來時，發現聯絡一個人其實不用花太多時間，一通電話、一句問候、甚至是一個貼圖，都能帶來情感上的靠近。但偏偏就是因為「不急」，才一再被忽略。等到想起來時，不是時間不對，就是又被其他瑣事占據，久而久之，便習慣了不聯絡的日子。

然而朋友不是備胎，友情也不是自動更新的關係。即使再熟的朋友，若長期沒有互動，也難免淡化了彼此的情感。許多關係的變淡，不是因為吵架，而是慢慢的、不聯絡、不互相問候，最後變成了彼此生活裡的過客。

我曾聽過一位朋友說：「當我真正遇到困難時，腦中第一個想到的人，是大學時最親的好友。可我遲遲不敢打那通電話，因為我們已經太久沒聯絡，我怕他會覺得我只是來求助的。」這樣的遲疑與內疚，常常會讓人錯過最需要的幫助，也錯過了情感的回溫。

友情如花，若要常開，須灌溉

曾經有一對感情深厚的室友，小芸與嘉倩，從大學開始便是形影不離的好友。畢業後，一個到了臺中工作，一個則留在臺北追求夢想，剛開始彼此還會固定通電話，甚至寄卡片祝賀節日。可漸漸地，生活節奏變得緊湊，工作、戀愛、家庭占據了彼此的時間，聯絡越來越少。

某一年，小芸結婚了，但她卻沒邀請嘉倩來參加婚禮，理由是：「我們已經好久沒聯絡了，不知道她現在怎麼樣，也怕她不方便來。」那句「怕她不方便來」背後，其實藏著太多說不出口的距離與疏離。幾年後，她才從其他同學那裡得知嘉倩生了一場病，後來甚至搬到了國外。她想聯絡時，才發現早已失去了聯絡方式。兩人從最親密的摯友，最後竟只剩回憶。

這樣的故事在我們生活中並不少見，當初無話不談的人，因為長期無聯絡，漸漸走散，甚至變得陌生。這不是誰的錯，只是我們忘了經營。朋友之間的關係，就像植物一樣，只有持續地灌溉、修剪、關注，才能長久地茁壯。

每一次的主動聯絡，其實都是一種情感的投資。你不一定需要等到重大節日或特別事件才聯絡，只要在日常裡，多一點想起對方的心意，友情就不會生鏽。即使只有一句簡單的「最近好嗎？」都可能讓人感受到被惦記的溫暖。

主動的關心，是友情最好的禮物

現代社會節奏快速，人際關係常被工作與瑣事擠壓到邊緣。可人生的路上，我們都需要同行者。朋友就是那些在你跌倒時扶你一把、在你成功時與你舉杯的人。他們不是你必須依賴的對象，但卻是你心靈的避風港。

保持聯絡不一定要頻繁聚會，也不代表要耗費太多心力。一通電話、一張明信片、一則訊息，甚至是一張相片的分享，都可能成為友誼的黏著劑。你可以在等車時、睡前幾分鐘、節日裡或心情起伏時，主動對朋友表達你的關心與想念。這些看似微不足道的舉動，其實會在朋友心中留下深刻的記號。

也許今天你只是簡單地說聲：「嗨，想你了。」明天你可能會收到一句：「我也是，謝謝你還記得我。」而這種互動，正是友情延續的養分。

朋友是人生中的寶藏，若不經常打開這座寶藏，終會蒙塵。我們常說「有緣千里來相會」，但更重要的是「有心才不會走散」。主動聯繫是一種溫柔的勇氣，也是一種自我成長的方式。

別讓忙碌成了疏遠的藉口，也別讓沉默變成錯過的遺憾。不妨從今天起，選一位許久未聯絡的朋友，傳訊息或撥通一通電話。你會發現，那份被惦記的溫暖，不僅點亮了對方，也溫暖了你自己。

朋友如鏡，映照你我人生

朋友，不僅是陪伴的對象，更是一種能啟發人生的寶貴資源。他們在你困頓時施以援手，也在日常相處中，潛移默化地讓你學會觀察、反思與成長。朋友如鏡，能讓你看到更完整的社會樣貌，也更清楚了解自己，甚至看見未曾理解過的人生風景。

許多人以為自己對自己最了解，實際上卻未必如此。人對自我的了解，大多來自有限的經驗和主觀觀察，常會忽略自己未意識到的行為模式與潛藏個性。唯有在人際互動中，當朋友直言你的盲點，或是透過與他人的比較與對照，才能更接近真實的自己。

唐太宗曾說：「以銅為鏡，可正衣冠；以人為鏡，可明得失。」這句話出自他弔唁忠臣魏徵時的感嘆。魏徵敢於進諫，從不因皇權而噤聲，也正因為有這樣一位「鏡子」般的輔佐者，唐太宗方能虛心納諫，開創貞觀之治。人若缺乏朋友這面鏡子，很容易陷入自我誤判的陷阱，看不見自身的偏頗與不足。

而社會的真相，也不是僅靠媒體與書本所能全面呈現。若我們只憑有限的資訊與個人經驗來理解世界，那往往是

「紙上談兵」或「井底觀天」。朋友們來自不同的產業與生活背景，他們提供的觀點與經驗，往往能讓我們看到更完整、立體的社會實景。這樣的理解，不只是知識的累積，更是一種判斷力的提升。

朋友，是最具智慧的養分

在與朋友的互動中，不只是彼此陪伴，更是從他們的行事方式、價值選擇中獲得啟發。人生漫長，若只有自我經驗的累積，那成長會顯得遲緩且侷限。但若懂得從朋友那裡「借光」，你便能以更短的時間，看到更多人生面貌，並從他人的成功或失敗中汲取智慧。

有一則清代的故事，說明了這樣的道理。當年京城有位銀樓老闆岳廣才，樂於結交各階層朋友。其中一位叫蔣玉平，是個社會地位並不高的戲班花旦。岳廣才的夫人曾對此表示擔憂，怕這層關係影響名聲，但岳廣才堅持認為蔣玉平忠義仗義，是值得信任之人。

沒想到數年後，岳廣才因無意中收了皇宮遺失的寶物而入獄，昔日那些身分顯赫的朋友無一出手相救，反而是那位被看輕的戲子蔣玉平，利用自己的人脈奔走營救，最終替岳廣才洗清冤屈。這個故事提醒我們，真正值得信賴的「人脈」，不在於對方的地位或職稱，而是他願不願意在你落難時伸出援手。

朋友不分貴賤，也無關年齡與地域。一位年長者的生活智慧，可能解答你長年困惑；一位異地朋友的文化背景，也能開拓你的視野與觀點。關鍵在於你是否願意放下成見，以平等與謙卑之心對待身邊的每一段關係。

真正的人際資源，並不是在危難時才被臨時喚起的「工具」，而是平日裡透過關心、互動所累積的情誼。若總是平時不聯絡、事急才登門，那麼即使曾經再親密的朋友，也可能心生疏離。所謂「大人脈」固然重要，但許多關鍵時刻，反而是「小人脈」為你托住人生的底線。

朋友之於人生，是深度的照見

朋友是一面鏡子，幫助我們看清世界、了解自己，也映照出人生的光影紋理。他們或許不能替我們走路，但卻能在我們迷路時，給予一盞燈；他們或許不能改變我們的命運，卻能讓我們在低谷中不再孤單。

與朋友為伴，不只是情感的連結，更是一種智慧的滋養。在你下次與朋友對話時，不妨多想一層：他是否讓你更了解了這個世界？是否讓你更了解了自己？是否讓你在人生旅途中，多了一份從容與勇氣？

朋友，不只是陪你歡笑的人，更是照亮你人生的光。多照照朋友這面「鏡」，你會看見一個更豐富、更清晰的自己。

打造人脈地圖

所謂構建朋友網，說得直白一點，就是經營自己的人脈圈。但真正的朋友網，不是名片堆疊得多壯觀，也不是通訊錄裡加了多少人，而是當你需要時，有多少人願意挺你、記得你，甚至主動想到你。

構建人脈並非一朝一夕，也不是技巧堆砌出來的橋梁，而是建立在「自信與溝通力」這兩項基礎之上。一個人若沒有自信，就無法跨出第一步與人交往，自然也談不上經營關係。你的舒適圈多寬，往往決定了你的自信程度。擁有足夠的自信，才能勇於打開話題、進入陌生圈子，並在互動中留下正面印象。

溝通能力則是維繫人脈的關鍵。真正擅於經營朋友網的人，都懂得傾聽。高陽筆下的胡雪巖之所以廣結善緣，不僅因為他會說話，更因為他懂得「聽」的藝術。他能真心聆聽對方言語，即使對方話語平淡，也能全神貫注、適時回應，讓人覺得備受重視，願意與他建立長久情誼。

主動經營關係，創造命運中的「貴人」

想要有效拓展人脈，可以從幾個面向著手：

熟人牽線，擴大觸角

透過熟人介紹來認識新朋友，是許多人邁入新圈子的第一步。無論是找工作、找合作夥伴，甚至解決生活難題，有時一位信得過的朋友牽線，效果遠比自己單打獨鬥來得好。你可以根據自己的目標，列出想接觸的領域，主動請熟識的朋友協助引薦，這樣的推薦更有信任基礎，也能更快建立連結。

走出生活圈，參與社團或活動

別把自己困在熟悉的圈子裡。主動參與各種興趣社團、專業社群、講座活動等，都是展開新關係的機會。社團的共同性質讓人自然打開話題，也能在互動中建立信任與連結。透過這些機會，認識不同背景、不同專業的朋友，將為你的交友圈注入全新能量。

善用網路，讓交流更無界限

網路是拓展人脈的超值資源。你可以透過寫部落格、發表文章、加入論壇或社群平臺，讓別人看到你的觀點與價值觀。也許你覺得一篇文章沒什麼，但當它觸動到某位讀者時，緣分就悄然展開。

曾有一位銷售經理因為分享自己在職場上的心得文章，吸引到一位產業領袖的關注，最後不僅認識對方，還被延攬為公司高層。這正說明，網路人脈雖然看似虛擬，若經營得當，也能轉化為現實中最實在的助力。

善用場合，把握每次互動機會

婚禮、會議、旅行、展覽等，都是拓展人脈的天然平臺。別只是被動參與，要學會主動開口、留下印象。例如婚宴場合，你可以提早到場，協助準備並與其他賓客閒聊，這些輕鬆的互動可能為你帶來新的緣分。平時養成習慣攜帶名片，留意與人交換資訊的時機，並善用休息時間簡單聊天，往往一個問候、一句讚美，就可能展開一次新的人際連結。

你的朋友網，就是你的人生網

真正的朋友網，是一張能承接你起伏、支撐你前行的網。不是只在風光時才有熱絡的應酬，而是在你低谷時，有人願意扶你一把。也不是只與「成功人士」交朋友，而是能看見每一個人潛在的價值，並且珍惜每一段關係。

記住，不論對方身分地位如何，都可能在關鍵時刻成為你的轉機。身邊的人，決定你的高度。而你若想要向上，就必須走入更多元、更有力量的圈子，成為他人也願意靠近與信賴的對象。

構建人脈，其實是構建你與這個世界的關係。讓別人認識你，也讓你知道更多可能。從今天開始，用心聆聽、多一份真誠、給予讚美、主動出擊，朋友網自然漸漸延伸，人生的可能性，也將從此寬闊無限。

朋友有別，感情無價但需有界

在這個多元複雜的社會裡，交朋友從來不是一件簡單的事。正如古人所言：「萬兩黃金容易得，知心一個也難求。」但若因此就乾脆遠離人群，或對每個人都抱持懷疑，那也未免太過極端。人是社會性的動物，我們必然活在各種人際關係中，與人交往是生活的一部分，也是一種必要的修養。

只是，交朋友，不代表每個人都要用同一種方式對待。我們總說朋友應該「以誠相交」，這當然沒錯，但若我們不設界限、不辨動機，就可能落入被濫情利用的陷阱。對此，不妨學習為朋友「分類」，這不代表虛情假意，而是一種情感管理的成熟。

古代有位地方紳士，交友廣泛，三教九流皆有來往。有年輕人問他：「這麼多朋友，你都一視同仁嗎？」他誠實地回答：「不，我會分等級來對待。」他將朋友分為「刎頸之交」、「推心置腹」、「可共商大事」、「酒肉朋友」、「點頭之交」與「保持距離」等級。他說自己對所有人都真誠，卻不得不承認，並非每個人都真心待他，若不設防，很容易受到傷害。

這段話說得直白，卻非常現實。在朋友之間保持適度的距離與界線，是一種自我保護，也是一種成熟的交友態度。並非每段關係都值得你全然付出，也不是每個笑臉都藏著善意。學會分辨，是為了在這個世界裡活得更明白、更安全。

情感的分寸感，是成長的一部分

朋友分級，並非冷血，而是有智慧的選擇。真正難的是：在保持真誠的同時，也不失理智與分寸。尤其對於性情中人來說，這樣的過程常伴隨掙扎。感情豐沛者容易全情投入，往往還未確認對方真心與否，自己早已推心置腹。這類人最容易受到背叛的傷害，甚至一朝受創，便難以再信人。

我認識一位寫作圈的朋友，個性耿直豪爽，交友極廣。她總認為，只要自己真心以待，對方也會回以誠意。結果幾次在人際往來中受了傷，其中一次甚至是她多年的閨密在背後陷害，讓她痛不欲生，一度萌生輕生念頭。經此一役，她終於明白，交朋友不能只憑感覺，該有選擇與保留。

真正成熟的人際關係經營，是理智與感性並行的過程。你可以熱情，但不該盲目；可以真誠，但不應過度坦露。你不需要對每個人都傾囊相授，而是根據對方的特質與動機，選擇合適的交流方式。

簡單來說，朋友可以粗略分為兩類：「可深交」與「不可深交」。前者是你願意也值得投入的對象，他們真誠可靠，值得你分享內心與重要資訊；後者則保持基本禮貌即可，無需刻意疏遠，但也不必過度親近。

當然，界定一個人是否可深交，並非易事。有時你以為對方無所求，實則暗藏目的；也有時，你誤會了別人的冷淡，卻錯過一段真摯情誼。因此，在做判斷時，除了依靠直覺，也要多觀察、慢判斷，別太快貼標籤。

交友需慎，情義也該帶點清醒

人與人之間的情誼，是一生中最美的連結之一。但若不懂得界限與分寸，這份美好很容易變質。當我們在人際世界裡跌跌撞撞，受過傷、被欺騙，才會明白：不是每個人都值得你付出全部，也不是所有的「朋友」都能走一輩子。

把朋友分級，不是冷漠無情，而是懂得自我保護與分配情感能量。真正的情誼從來不需要頻繁驗證，只需要彼此理解與尊重；而那些只在你風光時靠近、在你失意時遠離的人，不論你怎麼對他好，終究不會給你溫暖。

當你還在起步階段，朋友或許不多，但此時反而容易看出誰是真心的夥伴；而當你功成名就、資源豐厚時，來者眾多，卻更需要篩選的智慧。

願我們都能以真心交友、以理智擇友，在人生旅途上，擁有幾位值得深交的摯友，也能懂得如何守護自己，不被虛情假意所傷。畢竟，朋友這件事，感情要深，眼光要清。

第四章
認對人、走對路，貴人就在身邊

所謂「貴人」，從字面來看是地位尊崇、具影響力的人，但從人生的角度來說，貴人更是一種轉機、一種推動你向前的力量。在關鍵時刻，一位貴人出現，往往能讓困局出現突破、讓平凡之路變得不凡。正因為如此，我們總期待能在生命中遇見那位能夠提攜自己、讓夢想成真的貴人。正如歷史上蕭何識才重用韓信，促成他後來的戰功赫赫；又如張良橋邊遇見智者，展開一段非凡人生，這些都是典型的「貴人相助」的故事。

然而，真正的問題並不是「有沒有貴人」，而是「你準備好了嗎？」許多人總幻想天降機遇、貴人主動賞識，但卻忽略了，只有在你展現出實力與價值之後，貴人才會願意接近你、扶持你。世上沒有無緣無故的提拔，貴人的出現，往往是你自我累積與準備的結果。能力是你的門票，人脈是你的舞臺，而真正的貴人，不是你花錢請來的，也不是靠討好換來的，而是因為你值得。

成功不只靠實力，
也需要一雙推你一把的手

人生的轉捩點，往往不是你獨自努力就能抵達，而是當努力累積到某個程度，有人剛好看見你、相信你，然後在對的時機給你一個關鍵機會。這個人，就是你生命中的「貴人」。

貴人，不一定是權位顯赫的大人物，也不一定來自天賦強大的圈子。他可能只是某個願意在你困難時給你建議的前輩、某個替你牽線的朋友、或是那個在你一無所有時還選擇相信你的人。真正的貴人，往往出現得不動聲色，但卻能為你開一扇原本打不開的門。

在創業與職場中，成功從來不是靠一己之力完成。即便再努力，若沒有人幫你拉一把，可能就永遠卡在門外。巴菲特成為股神，除了自己的堅持與智慧，他生命中的恩師班傑明．葛拉漢（Benjamin Graham）更是無法忽視的重要推手。當時，巴菲特寧可不拿薪水，也要跟著葛拉漢學習，正因為他明白，有些機會比金錢更有價值。而正是這段師徒關係，為他日後在投資市場打下穩固根基。

但許多人誤以為，貴人只會來自那些身分高、權力大、

資源多的人。其實不然，真正改變你命運的那個人，可能只是眼光獨到、剛好欣賞你的平凡人物。人生中最大的錯誤，就是小看身邊那些看起來「幫不上忙」的人，卻忽略了他們可能在未來某刻，正是你需要的那把梯子。

擴展貴人地圖，從善待每個人開始

如果你把貴人的定義限縮在少數特定人選，你將錯失許多可能。有時候，真正的貴人，未必來自你主動經營的人脈網，而是你不經意間累積下的信任與真誠。

生活裡的每一位陌生人，其實都是還沒被你發現的機會。你不知道那個與你搭過話的志工，某天會不會是專案合作的推手；你也無法預料某位新進員工，未來是否是你創業的股東。人脈的潛力，不只看眼前關係，而在於你是否懂得珍惜每次互動的可能。

貴人不是用來「找」的，而是被你吸引來的。當你具備一定的實力、穩定的品格、還願意主動協助他人時，自然會有值得的人靠近你、願意拉你一把。與其急著尋找貴人，不如先讓自己成為一個「值得被幫助」的人。

同樣地，當你能力逐漸提升時，也別忘記轉身成為別人的貴人。貴人的價值，從來不只在於推動自己，更在於你能否影響與扶持他人。人生是一場彼此牽引的旅程，你幫過的人，可能在未來的某刻，也會成為推你前行的那股力量。

不要小看每一次認真傾聽的談話、每一次真誠的回應、每一次不求回報的相助，這些人情，都是在替你建立「未來式」的人脈信用。而真正的貴人，不是用利益堆出來的，而是你用人品、誠意和持續努力所吸引來的那一群人。

你遇見的每一個人，都可能是轉機

每個人的成功故事背後，幾乎都藏著一個或幾個重要的名字——他們曾經給你舞臺、替你說話、或是單純在你最想放棄時告訴你「你可以的」。我們稱他們為貴人。

但你更要明白，貴人不會憑空出現。他們之所以願意出手，不是因為你運氣好，而是因為你值得。所以，讓自己更堅強、更正直、更有準備，當機會來敲門時，你才能穩穩地握住。

記住，真正的貴人不在遠方，他可能就在你身邊，而你自己，也正在成為別人的那個重要之人。

貴人從不遙遠，其實就在你身邊

許多人談到「貴人」，總會抬頭仰望，以為那是得天獨厚的命運寵兒才會遇見的角色。其實不然。真正的貴人，往往不是天降神兵，而是生活中那些默默出現、在你生命某個關鍵時刻給你啟發與支持的人。他可能是你日常熟悉的朋友，也可能是你一時未曾注意到的陌生人。

成功從來不是獨角戲。每一段崛起的旅程背後，都藏著一位或多位關鍵角色，他們可能提供一句話、一個提醒，甚至只是一次無心的指點，卻讓你柳暗花明。創業家最清楚這一點，他們依靠的不只是資本與實力，更有那些在關鍵時刻扶一把的「貴人」之力。

舉例來說，巴菲特若不是堅持追隨班傑明·葛拉漢學習投資之道，今日的「股神」稱號或許無從談起。他的成功不只來自投資眼光，更源於他對貴人的珍惜與主動追隨。而這樣的故事，也提醒我們：真正重要的，不是等待貴人出現，而是學會從身邊的人中看見貴人的可能性。

你要相信，能影響你人生的，可能只是某位旅途中對你投以善意微笑的長者、一位職場中默默給你機會的主管，甚至一位你曾經敵視但卻激起你奮發向上的競爭對手。敵人未必可恨，逆境未必是壞事。若你能懷著感恩的心重新審視這些過往經歷，也許你會驚覺，真正讓你成長的，反而不是那些給你溫暖安慰的人，而是那些讓你痛過、難過、卻逼你強大的關鍵角色。

我們太常忽略那些沒有頭銜的幫助者，卻錯誤地把目光鎖在高位者身上，幻想有一天能被發掘、被提拔。但機會，從來都是為主動的人準備的。若你總是專注在自己熟悉的小圈圈裡，不主動擴展與人接觸，那麼再多的「可能貴人」也不過擦肩而過的陌生人。

感恩與行動，
是啟動貴人磁場的關鍵

真正能啟動你貴人運的，從來不是運氣，而是你對人誠懇的態度、主動建立連結的行動力，以及從內心發出的感謝與回饋。當你帶著正向能量與好奇心看待身邊每一個人，你就等於打開了一道道連結的門，而你會發現，那些原本看似平凡無奇的人，其實都藏著改變你人生的力量。

我認識一位創業者，當初資金短缺、人脈貧乏，甚至連辦公室租金都湊不出來。但他沒有因此封閉自己，反而更努力去參加活動，擴展社交圈。有一次，在公車上與一位年長

者閒聊，對方聽完他的創業理念後，轉身介紹他給一位長年支持年輕人的投資人。這個看似無意間的對話，竟成為他創業初期最關鍵的轉捩點。

這樣的故事比比皆是。許多創業路上的貴人，其實來自生活裡最意想不到的地方：鄰居、陌生乘客、餐會旁邊坐著的那位安靜女士，甚至曾經的「敵人」。真正厲害的人，不是永遠只在舒適圈裡取暖，而是懂得在日常裡經營每一段可能的緣分。

我們總以為要做大事，才能遇上重要的人；但事實是，你越願意從小事開始投入，越會吸引到關鍵的能量。若你只是低頭滑手機、對周遭無感，那麼即使貴人坐在你旁邊，你也無從察覺。

這些年我也歷經過許多挫敗與低潮，但正是那些一路上願意給我提醒、推我一把的人，讓我逐漸走出迷霧。他們有的給我一次合作機會，有的給我一句當頭棒喝，有的甚至是透過失敗帶給我人生的重新調整。這些人或許一開始並不被我視為重要角色，但現在回頭看，每一位都是我生命裡不可或缺的「隱形貴人」。

每個人都是潛在貴人，用心經營才有奇蹟

貴人不是天注定的，也不是幸運之神的偏愛。真正的貴人，其實就在你我身邊。只要你願意打開心胸、放下成見，主動與人交流、分享想法，哪怕只是一句問候、一張名片、一場短短的談話，背後都可能藏著翻轉命運的關鍵力量。

請記住，當你擁有一顆感恩的心，你會發現生活中的每一次打擊、每一位陌生人、每一次失落，都可能是包裹著的禮物。他們用不同的方式提醒你、成就你、甚至激發你蛻變成為更強大的自己。

從今天起，別再仰望遠方的貴人，開始留意你身邊的每一個人。真正的貴人，不是遠在天邊，而是就在你身邊。差別只在於，你是否願意張開雙眼與真心，看見他們的存在。

想被看見，先成為值得相識的人

許多人總在心中納悶：為什麼別人總有機會結識大人物？為什麼他的身邊總是聚集著重要的人脈？甚至為何他總能順利晉升、簽下好案子？與其說他「運氣好」，不如說他更懂得主動出擊，也更早學會了一個道理：貴人不是「碰巧」遇見的，而是你先成為值得被提攜的人，對方才願意伸出援手。

我們常把「貴人」神化，好像只有命中注定、得天獨厚的人才會遇到，其實多數的貴人，都是在你日積月累的努力下慢慢接近的。他們可能是你主動認識來的，是你經營關係、表現實力、傳遞誠意的成果。

若你總是把自己困在舒適圈裡，不參加活動、不擴展人際關係、不願意與陌生人開口，當然難以被貴人注意。更遑論主動去認識一位地位比你高、經歷比你豐富、資源比你強的人，若你對自己毫無準備，對方為什麼要願意與你深交？

更現實的是：真正的貴人不會主動走來找你，因為他們也在尋找值得投資、合作、扶持的對象。你若無足夠的準備與價值，光靠一句「請多關照」是無法建立連結的。你需要的是讓對方「看到你」，並產生合作的動機。否則，即便擦肩而過，也不會有後續發展。

很多人總以為自己被忽略，是因為對方傲慢、不識才。其實更可能是因為你說話沒有重點、表現缺乏亮點、交往只顧自己。與其批評對方冷淡，不如回頭反思自己，問問自己：「我提供了什麼價值？我值得對方投資嗎？」

實力是通行證，真誠是邀請函

現代人講求關係，但真正能長久建立連結的，從來不只是交情，更是實力與態度。別人願意成為你的貴人，不是出於同情，而是看見你身上的潛力與信念。他們願意給機會的人，往往已經準備好能接得住挑戰，也不會讓他們丟臉。

想與高人為伍，得先培養「與他們並肩」的實力。別再抱怨社會現實，你我都平凡，這本來就是競爭條件之一。真正厲害的人，是在平凡中用不平凡的態度突圍。他們主動學習、累積專業，並懂得在與人互動中展現自己的價值。他們能精準表達、站在對方立場著想，也知道該在什麼時候適當地開口、留下好印象。

此外，也別忘了：貴人未必總是和顏悅色的那一位。有時候，讓你感到不適、刺耳的人，反而是你最該感謝的貴人。他們敢指出你的盲點、挑戰你的自滿，甚至用嚴苛態度迫使你成長。若你願意調整心態，把批評當作養分，那麼這些看似「難搞」的人，反而是推你前進的關鍵力量。

從古至今，貴人與被賞識者總是綁在同一條船上。對方之所以願意提拔你，是看好你能成功；若你做得好，他也與有榮焉；若你搞砸了，對方也承擔風險。所以，千萬別忘了，你的表現，決定了人脈的延續與價值。

建立「貴人網」不是靠運氣，而是靠實力配合人品。你要主動爭取機會，更要持續強化自己，當你內外兼備、表裡如一，別人自然願意給你舞臺。

貴人不是天降，而是你吸引來的

想要人生有所突破，別只祈求「貴人出現」，而是要轉變心態，成為一個有準備的人。你有沒有經營人脈？你有沒有展現實力？你有沒有成為一個別人也願意主動靠近、合作的人？

別再羨慕別人身邊的機會多，因為那些人也曾花了無數時間默默耕耘、主動接觸，才換來一次次讓他被看見的機會。貴人從不等你求，而是你準備好、他剛好看見，才成就了那段緣分。

當你願意內外兼修，持續行動，你會發現貴人其實一直在你周圍，等你足夠優秀時，他自然會靠近。因為你已經成為一個值得投資、值得合作的人。這時，你不再只是等貴人，而是正在成為別人的貴人。

人生最大的貴人，往往就是益友

人若無友，孤立無援；人若交錯友，反受其害。在現代社會，朋友早已不是閒聊吃飯的陪襯角色，而是人生中最關鍵的潛在貴人。真正的貴人，不一定是身分顯赫、財力雄厚的人，而是那位能在你迷失時給你建議、在你軟弱時提你一把的益友。

清代學者包世臣曾感嘆：「喜有兩眼明，多交益友；恨無十年暇，盡讀奇書。」人生難得光明歲月，若能在這段時間多結交對自己有幫助、有啟發的朋友，是一大幸事。益友，能打開你的視野、提升你的品格、成就你的未來。他們或許不能直接給你財富，卻能為你播下成長的種子，讓你在關鍵時刻不迷失、不墜落。

歷史中的管仲與鮑叔牙就是典範。鮑叔牙賞識管仲的才華，不因短暫成敗而懷疑對方的能力，最後促成一位治國名臣的誕生。這就是益友的價值，他們願意看見你身上的光，而非短暫的陰影。而像管寧與華歆「割席斷交」的故事，則提醒我們，損友的存在，也是一種潛在危機。

選擇朋友，往往就等於選擇未來。你身邊的人如何對待世界，如何看待自己，都會一點一滴地影響你。與其說

「近朱者赤、近墨者黑」，不如說「近賢者明、近懶者弱」。正直、勤奮、有思考的人，會在無聲中讓你反思自身；而投機、散漫、好逸惡勞者，則可能讓你失去原本的方向。

有度量的人，更容易吸引真正的益友

然而，要吸引益友靠近，並非只是運氣，更是一種人格修養的表現。真正能指出缺點、提醒你不足的人，往往也是最不容易被接納的朋友。多數人只喜歡聽讚美，卻無法承受批評。當你聽到別人指出你問題時，若心生怒意，那麼你就注定只能吸引那些迎合你的人，難能真正進步。

古人說：「聞過則喜、聞譽則恐。」能欣然接受批評的人，才真正有修為。唐太宗李世民能創下「貞觀之治」，與他重用魏徵等敢言之士密不可分。他知道，能指出他錯誤的人，才是真正為他與國家好的人。反觀那些一味討好、不願冒犯的近臣，只會讓領導者陷入虛假榮景，最終導致國破家亡。

你希望身邊都是讚美你的人？那麼你得到的，也只是溫柔的假象；你願意接納敢對你說真話的朋友？你才能得到真正的提升機會。益友未必說話悅耳，但往往直指核心。他們可能提醒你態度不對、點醒你方向偏了，這些不輕易的話語，正是你人生中的貴重寶藏。

在交友上，我們當然希望能認識見多識廣、有涵養的人，但也不該輕看那些學識不如己者。每個人都有值得學習之處，即使看似平凡的人，也可能在某個面向上提供你意想不到的幫助。益友，不在於地位，而在於心性。只要對你有正面影響，願意為你成長著想，哪怕來自基層，也是你生命中珍貴的推手。

益友在側，是最深遠的人脈投資

人生最大的幸運之一，就是能在人生路上遇見幾位真正的益友。他們未必光芒萬丈，卻能在你失去方向時提燈照亮；他們或許不是聲名顯赫，卻能在你需要提醒時，直言不諱地給你方向。

這些人，不必仰望，只需你用心經營。不論是生活中的夥伴、職場上的同事，或是網路上的同道，只要能啟發你、成全你，那就是貴人。他們也許不會送你一座金山，卻能讓你踏穩一條實在的路。

所以，與其尋找高高在上的「貴人」，不如從自己身邊的人做起。真正的貴人，就藏在那一句逆耳的忠言、一場坦率的對談、一個堅定的提醒之中。從今日起，練習傾聽、學會包容，也許你會發現，益友就在你身旁，而你，也正慢慢成為別人的貴人。

找對人，才能走對路

在現代社會中，「衣食父母」不再只代表生養我們的父母親，更多時候是那些願意給你機會、讓你能發揮所長並有所成長的人。他可能是你的主管、你的創業夥伴，甚至是一位關鍵時刻替你說話的朋友。這樣的人若遇上了，就是你職涯路上的幸運，也是人生重要的轉捩點。

設計師阿成大學畢業後投履歷處處碰壁。某天，他鼓起勇氣在設計展主動接觸一位小有名氣的品牌主理人。對方欣賞他的主動與作品，讓他先進工作室幫忙，不計報酬。三個月裡，阿成除了完成分派任務，還額外自發提出改善企劃。主理人終於點頭正式聘他為設計助理，幾年後甚至讓他主導整體視覺風格。現在，阿成已是這間品牌的設計總監，年薪翻了數倍。

他當年沒有資源也沒人脈，但他主動靠近、表現穩定，讓對方信任。他的「衣食父母」並非事業頂尖的人物，但是一位願意拉拔新人的伯樂。而這段關係的開始，不是靠運氣，而是靠他主動出擊、持續交出好表現。

真正的成長，是從信任中慢慢累積出來的

許多人一心想找「能提拔自己」的人，只想靠「跟對人」來翻身。其實，真正的「衣食父母」會觀察你很久，才會決定要不要幫你。信任，不是你伸手對方就會給，而是你每天的態度與努力換來的。

有時你看上某個人，對方卻不一定接納你。因為要培養這樣的關係，需要時間與默契累積。不只是你挑對方，對方也在觀察你。這段關係能否走得久，取決於你是否能為對方帶來價值，也取決於你是否真心想學習，而不是只想「搭順風車」。

另一位我認識的舞臺燈光師，在劇團打工多年，默默做事、從不爭功。團長出國演出時總帶著他，後來更把一場國際聯合演出的舞臺光全權交給他設計。他本不是知名科班出身，但因為穩定、可靠，最終得到賞識。他常說：「我不是天才，只是剛好有人願意相信我，而我盡力不讓對方失望。」

所以，別總以為成功只靠機運。有時你認為的伯樂沒注意到你，其實是因為你還沒準備好，還沒讓人感覺到非你不可。與其四處尋找貴人，不如先讓自己成為值得幫助的人。等你夠穩定、夠真誠、夠專業，自然會有人願意投資你、扶持你。

人脈不只是認識誰，而是誰願意拉你一把

那些能在關鍵時刻願意替你出聲、替你創造機會的人，就是你真正的「衣食父母」。

但要讓一段人脈從合作關係變成情感關係，靠的不是攀附，而是信任的培養與共同經歷。記得，不管你跟對方的合作階段在哪裡，都要維持誠意與關心。若你因為對方一時落難而疏遠，當他再度崛起時，自然也不會再想到你。

人生中能遇到一位真正的「衣食父母」不容易，但若你真遇上了，請好好珍惜。這樣的關係若能從利害層次進化為情義層次，才可能走得久、走得遠。而這條路，終究是靠你自己一步一腳印鋪出來的。

主動走進成功者的生活圈

一位知名財務導師曾說：「你想要創造多少財富，就接近那些擁有多少財富的人。」這不是單純追逐權勢，而是懂得如何站上巨人的肩膀。在現實社會裡，若你總是與比自己弱的人為伍，就難以從他們身上獲得向上的動力。而真正的突破，往往來自你是否願意主動靠近那些比你更厲害、更成功的人。

柏翰畢業後創辦了自己的房仲品牌。初期他對營運流程一知半解，公司開張半年便陷入瓶頸。一次因為要出差搭高鐵，他主動幫一位忘了帶悠遊卡的中年男子代刷，兩人因此展開對話。這位中年男子是南部某連鎖地產公司的創辦人，原來也正計劃進軍北部市場。柏翰趁機請教不少問題，對方也願意分享經驗。

隔週，兩人又約在一場論壇上碰面。會後對方說：「你如果願意到我公司走一遭，我可以告訴你為什麼你的公司困在原地。」柏翰不但去了，還連續三個月固定週末到該公司「見習」，幾個月後，那位老闆邀他負責籌備臺北分點，給他完整的資源與舞臺。如今柏翰不僅接手北部業務，更被培養成為接班梯隊的一員。

這一切的轉機，來自一張高鐵票和他那份不怕開口的勇氣。如果他沒有主動結識對方、沒有展現誠意，也許他仍困在自己創業的死胡同裡。

我們總以為，只有等自己足夠優秀，才配得上靠近成功者。但現實中，真正的關鍵不是你的起點，而是你願不願意跨出那一步。你可以選擇在小圈圈裡自得其樂，也可以選擇靠近那些願意拉你一把的人。有些人不在乎你現在是誰，而是看得見你未來的樣子。

知識與人脈，決定你站在哪個層次

成功一定有方法，失敗也一定有原因。那些總能做對決策、把握機會的人，不見得比你聰明，只是他們從來不吝於請教，並且總能找到對的人學習。反觀很多人，總怕被拒絕，寧願躲在安全範圍裡畫地自限，也不願主動搭話或參與對話。久而久之，視野越來越窄，資源也越來越少。

在一次創業培訓中，一位名叫芷涵的年輕女生在 Q&A 階段提問犀利，引起臺上主講導師的注意。課程結束後，她主動遞名片，表明想做餐飲業，希望對方指點迷津。這位導師當場點頭，隔天就安排她參觀旗下的中央廚房與營運部門。這樣的互動持續了兩年，導師甚至投資她創辦品牌。她後來說：「如果當初我沒開口，我不會知道自己原來可以走得這麼快。」

所謂的貴人，並不總是帶著光環走進你的人生，很多時候，他們只是等待你表現出夠多的決心與行動。機會從來不是等來的，而是你展現了準備與價值後，別人才願意伸出手拉你一把。

我們不需要跪求機會，更不該一味迎合。但在與成功者相處的過程中，我們必須清楚一件事：人家為什麼願意讓你靠近？你能為對方帶來什麼價值？很多人卡關的點，就在於他們只想索取，卻從沒想過給出。

而當你真的擠進了某個圈子，才會明白那些人的做事方式、思考邏輯、解決問題的態度，與你過往熟悉的截然不同。他們講求的是效率與結果，重視的是資源整合與信任的累積。你若只停留在觀望與羨慕，終究只是個局外人。

不是他們太高，是你還沒開始爬

我們總說，要成功就要有貴人幫忙。但你是否準備好了成為一個值得被幫助的人？不是每個成功者都高不可攀，而是你還沒有展現出他們願意投資的價值。

靠近成功者，不是去討好，而是去學習他們的節奏與格局。他們的經驗，不是書本教得來的；他們的決策，不是隨便模仿就能做到的。但當你身在其中，耳濡目染，自然也會被拉拔到一個新的層次。

請記得，那些改變命運的契機，從來不是偶然，而是你在某個時刻，選擇靠近了對的人，並抓住了對的機會。

學會欣賞那些與眾不同的人

在我們的人際圈中，總會遇到一些與主流格格不入的人。他們可能個性孤僻、行事古怪、說話不討喜，甚至外型上也有些與眾不同。許多人對這些「特別的人」避之唯恐不及，覺得他們不好相處、無法合作，或乾脆不屑一顧。但往往，正是這些人擁有他人所不具備的潛力與能力，值得我們多一些理解與接納。

古代有位工藝師沈良，是一名木作高手，擅長設計大型建築物的結構圖與施工流程。他平時不拘小節，也不會親自動手修理家具。有次家中床腿壞了，來訪的鄰居看到他不打算自己修理，心中便暗忖他只是紙上談兵。直到官府請沈良負責一項官署工程，整體規劃和現場指揮全都由他主導，所有工匠無不服氣，工程完成時一絲不差。那位鄰居這才明白，沈良確實不是一般的木匠，而是擁有高階技術的專業設計師。

這個故事告訴我們，不要因為一時的表現就妄下定論。有些人平日不擅與人交際，甚至看似傲慢寡言，但當他們站在對的位置上時，發揮的能量遠超常人。若你因他們的性格「特別」就排斥他們，可能會錯過與天才共事的機會。

接納的不只是表面，還包括價值

美國總統林肯在南北戰爭期間，曾任用一位桀驁不馴的將領，這人對上司不敬、對部屬傲慢。有人建議林肯撤換他，林肯卻說：「只要他能贏得戰爭，哪怕要我替他擦鞋，我也願意。」這句話不只展現了林肯的高度格局，也打動了這位將軍，使他從此誠心效忠。

在中國古代也有類似故事。齊國名相晏嬰其貌不揚，車夫卻高大俊朗，因為職位在前、坐在馬車最前面，竟自視甚高。直到妻子看不下去，當面斥責他:「你天天與晏嬰為伍，卻沒學會他的謙卑與內斂，反倒自滿於虛名。」後來這段話傳入晏嬰耳中，他反而提拔了這名車夫，因為「能娶這樣賢慧的妻子的人，也值得栽培」。

從這些故事中，我們可以學會一件事：外在的標準並不能完全評價一個人，真正可貴的是那份潛藏的實力與不為人知的品格。多給別人一點時間與空間，也是在給自己一條通往更廣闊世界的橋梁。

尊重差異，成就多元的人生

在這個多元共融的社會，我們越來越常與各式各樣背景、性格與價值觀的人共事。不是每個人都能在第一眼就讓人喜歡，也不是所有優秀者都符合我們的期待。有些人的「特別」，也許正是成就他們的原因。

人際關係的經營，不僅僅是結交志同道合者，更重要的是要能理解、接納並善用與你不同的人。很多時候，改變命運的關鍵，就藏在你曾經想要排斥的那個人身上。

真正有格局的人，不會急著否定與自己不同的人。願意尊重、理解、甚至協助「特別的人」，其實正是在拓展自己的格局。當你懂得包容他人，也就為自己的人生贏得了更多合作與成功的可能。也許未來改變你命運的那個「特別的人」，此刻正靜靜地坐在你對面。

各階段的「貴人」

在我們的人生旅途中，貴人往往扮演著關鍵的角色，他們的出現能夠引領我們走向成功的道路。這些貴人可能是導師、朋友或家人，他們在不同階段提供支持和指導。每個人成長過程中都會接觸到五種角色，他們在我們人生的不同階段，代表著五種關鍵力量。

童年玩伴的影響

童年的玩伴是我們最早接觸的夥伴，他們陪伴我們度過純真的時光。這些早期的互動經驗，塑造了我們的性格和社交能力，對未來的人際關係產生深遠影響。童年的玩伴是二十年後仍能影響我們的力量。

學生時期的啟蒙者

在學生時代，特別是大學期間，我們會遇到一些啟蒙者。這些人可能是教授、學長姐或同學，他們的見解和經驗啟發我們，幫助我們拓展視野，確立人生目標。選擇適合的啟蒙者，有助於我們在未來的道路上少走彎路。

職場同事與主管的提攜

進入職場後，與我們共事的同事和主管對我們的職業發展至關重要。同事的水準影響我們的進步，而一位好的主管則能提供指導和機會，幫助我們在職涯中取得突破。遇到一位好上司，勝過遇見一位好老師。

事業夥伴的支持

在事業發展中，找到可靠的合作夥伴和知己至關重要。他們能夠在關鍵時刻提供支持，與我們共同面對挑戰，分享成功的喜悅。這些人是我們在事業道路上的堅實後盾。

親密愛人的陪伴

選擇伴侶，就是選擇一種生活方式。親密愛人對我們的生活品質和幸福感有著直接的影響。他們的支持和理解，讓我們在追求夢想的同時，擁有溫暖的港灣。

成為他人的貴人

值得注意的是，我們不僅要尋找生命中的貴人，也應該努力成為他人的貴人。在生活和工作中，主動幫助他人，無私地分享資源和經驗，這不僅能夠提升自身價值，也能夠建立良好的人際關係。貴人不是用等來的，而是靠自己創造。

生命中的貴人以各種形式出現，這些人在不同階段為我們提供支持和指導，助力我們的成長與成功。同時，我們也應該以感恩的心態，珍惜這些貴人的存在，並努力成為他人的貴人，傳遞這份善意與支持。

打造自己的「貴人磁場」

在職場或人生中，人人都渴望遇上貴人，但更多時候我們忽略了一個關鍵：讓貴人靠近，其實是一門主動創造的技巧。許多機會並非等來的，而是吸引來的。想讓對方注意到你、願意拉你一把，關鍵不是你去求，而是你是否值得被幫。

建立讓貴人靠近的第一步，就是讓自己成為一個「有信用、夠穩定」的人。別人要拉你一把，首先得信任你不會讓他失望。日本經營大師稻盛和夫說：「人品是事業的根基。」信用說穿了就是人格保證，講話算話、凡事負責，才會讓人敢投資你。若你總是空口說白話、做事草率，那些本能成為貴人的人，只會默默退出你的圈子。

誠信是一種無形資產，舉例來說，早年在臺北有位從事印刷的小業主，憑著「先出貨後付款」的誠信原則，累積了不少客戶信任。有一次他公司差點因為資金周轉不靈面臨關門，那時他最老的客戶聽聞後主動匯款支援，讓他度過難關。他說：「我沒求過對方一句，光是我一通電話說『出問題了』，他就出手了。」貴人，其實是你信用的鏡子。

讓自己成為「績優股」，才會吸引人投資

除了信用，想讓貴人上門，還得有一點「可用之才」。畢竟沒人會隨便投資一個毫無潛力、也不努力的人。你要讓別人看得出你有未來、有實力、有能量，這樣別人才有誘因幫助你、帶你一程。

臺中有位年輕女設計師阿欣，剛從設計科系畢業時沒有背景、也沒有人脈。她找工作不順，一度只能接零工設計案維生。某天她去參加一場創業市集，認識了一家文創公司的品牌總監。她沒有急著遞作品集，而是持續在社群媒體上分享自己的創作，風格獨特又認真，對方默默關注了好幾週後，主動私訊問她：「我們要開新系列，要不要來合作？」阿欣後來成為那個品牌長期合作的御用設計，幾年內迅速累積人氣與資源。她從來沒拜託過對方什麼，只是讓自己夠優秀、被看到。

成功的核心不是「討好」，而是「吸引」。越是成功的人，越不會浪費時間在沒有潛力的人身上。你只要讓自己變得有價值、夠穩定，自然會有人想靠近。

被看見的勇氣

有時候，不是沒貴人，而是你沒有讓人看見。人與人之間，不靠關係，而靠連結。會經營的人，知道在對的時間、對的人面前「亮出自己」。這不等於巴結，而是一種「真誠展現價值」的智慧。

高雄一位小劇團編導，原本默默無名，每次演出觀眾不到三十人。有一次，他大膽邀請一位知名藝文策展人來看戲，並在演後主動遞上感謝小卡與他對地方劇場的想法。策展人感受到他的熱忱，隔年邀請他合作一檔大型展演，讓劇團一夕打開能見度。貴人不會主動找你，但他們在你身邊，只是你不敢開口、也不願冒一點風險而已。

相反地，有些人對貴人機會抱持錯誤心態，太謙卑變成自我設限，太怕被誤解變成什麼都不做。他們總是說：「我怕對方覺得我在攀關係。」、「我還不夠好，等以後再說。」但事實上，越優秀的人越懂得欣賞潛力股。與其用過度謙卑掩蓋不敢嘗試的膽怯，不如在能力夠時主動露面、釋出善意，爭取一點連結的可能。

讓「貴人」出現的最好方式，就是讓自己值得被幫。貴人不是從天而降的奇蹟，而是你用信用、能力與勇氣一點一滴打造出來的結果。當你成為一個值得投資的人、讓自己處處發光，貴人自然會悄悄走進你的生命。真正厲害的人，不等門被敲開，而是早早就在門後準備好，靜待貴人上門。

第五章
當價值被看見，才有機會被提拔

許多人習慣默默耕耘，心想只要努力工作，總有一天會被看見，會等來升遷與加薪的機會。然而現實卻往往殘酷，許多有實力的人最終仍被忽略，因為他們從未真正讓自己被看見。在競爭激烈的職場裡，光有能力是不夠的，還必須懂得適時地展現自己。現代職場早已不是「酒香不怕巷子深」的時代，而是「你不說，沒人知道」的戰場。你需要做的不只是把事情做好，還要讓對的人知道你做得好，懂得在對的時機，向上司展現自己的價值與貢獻，這不僅是職場技巧，更是一種負責任的自我經營。

要成功，就別把希望寄託在「總有一天會被看見」的幻想中。你應該主動出擊，積極抓住每個能展現才華的機會。不需誇張、不必逢迎，只要真誠地表現自己的專業與努力，讓人記住你是誰、你做過什麼。這不只是推銷自己，更是為自己創造舞臺與機會。否則，再多的才華若無人知曉，終究只會在歲月中慢慢沉沒，留下滿腹遺憾。懂得讓自己被看見的人，才有機會被伯樂發現，也才能真正活出自己想要的人生。

善用自我介紹的機會

在競爭激烈的現代社會，擁有才能固然重要，但若不善於展現自我，這些才能可能被埋沒，難以獲得他人的認可與機會。因此，主動展現自我風采，讓他人了解自己的價值，成為成功的關鍵之一。

積極參與各種社交活動，如專業培訓、研討會或興趣小組等，有助於拓展人脈，提升自我曝光度。在這些場合中，與不同背景的人交流，分享經驗與見解，不僅能學習新知識，還能讓他人知道自己的專長與能力。

在社交場合中，自我介紹是讓他人了解自己的第一步。避免過度謙虛或使用固定格式的客套話，應該自信地介紹自己的專業背景、技能與成就，讓他人對你留下深刻印象。 這種真誠且自信的表現，能有效提升他人對你的好感與信任。

建立個人品牌

建立個人品牌有助於他人快速了解你的專業形象與價值觀。 這可以透過經營個人網站、部落格或在社群媒體上分享專業見解來實現。 持續提供高品質的內容，展現專業能力，能吸引志同道合的人，拓展人脈，並提升在業界的知名度。

提升溝通與表達能力

良好的溝通與表達能力是展現自我的重要途徑。透過清晰、簡潔且有條理的表達，能讓他人更容易理解你的觀點與想法。此外，積極傾聽他人的意見，適時回應，展現出尊重與專業態度，也能提升他人對你的評價。

培養自信的態度

自信與積極的態度是吸引他人注意的重要因素。透過設定明確的目標、持續學習與自我提升，能增強自信心。同時，保持積極樂觀的態度，面對挑戰時展現勇氣與決心，能讓他人感受到你的正能量，進而願意與你合作或提供機會。

注重外在形象與儀表

外在形象是他人對你產生第一印象的關鍵。保持整潔、得體的穿著，展現專業與自信，有助於提升他人對你的好感度。此外，良好的肢體語言，如適度的眼神接觸、自然的手勢等，也能強化你的表達效果，讓溝通更順暢。

主動尋求表現機會

不要等待機會降臨，而是主動尋求能展現自己才能的場合。例如，在公司內部提議新專案、參與跨部門合作，或在公開場合演講等。這些主動的行動，能讓他人看到你的能力與熱忱，進而為你帶來更多發展機會。

持續學習與自我提升

在快速變遷的時代，持續學習是保持競爭力的關鍵。透過參加培訓課程、閱讀專業書籍或與業界專家交流，能不斷提升自己的知識與技能。當你展現出不斷進步的態度時，周圍的人也會更願意支持與協助你。

建立支持性的社交圈

與積極、正向的人建立關係，能為自己的成長提供支持與鼓勵。這些人可能是導師、同事或朋友，他們的建議與回饋，能幫助你看清自己的優點與不足，進而持續改進。

主動展現自我風采，是在競爭激烈的社會中脫穎而出的重要策略，能有效提升自己的影響力與知名度，為未來的成功奠定堅實的基礎。

別永遠在追尋別人的風景

有個故事是這樣的：一位設計師天天抱怨自己工作繁重，經常加班，羨慕隔壁的自由作家，每天可以自由地安排時間，想睡到幾點就睡到幾點，工作起來輕鬆自在；而隔壁的作家卻不時向設計師訴苦，說自己收入不穩定，常常焦慮失眠，特別羨慕設計師薪水高又穩定，還有人力支援、辦公室豪華。巧的是，作家的妹妹是一位美妝網紅，網路上追蹤者眾多，令人稱羨，但她卻常常覺得被流量綁架，渴望能像哥哥那樣單純地寫自己喜歡的東西就好。美妝網紅的閨蜜則是一名空服員，到處飛來飛去，看似光鮮亮麗，但她卻最羨慕朝九晚五的人，可以每天回家陪伴家人。

生活就是這樣，每個人都在自己的位置上欣賞著遠方的風景，似乎別人的人生總比自己的美好。「當你一直盯著別人的影子，會忘記自己身後的光亮。」人總是不自覺地拿自己所缺少的與別人已擁有的比較，久而久之就會陷入羨慕的泥沼，逐漸遺忘了原本屬於自己的美好。

由羨慕到妒忌的失控邊界

羨慕這種心理，就像一把雙面刃，用得恰當能激勵自己往前，但失控時卻會傷人又傷己。而過度的羨慕是一種自我毀滅，當羨慕轉為妒忌，人心就容易變得偏激和失去理智。

在某大學研究所裡，有位研究生叫俊宏，他的同學明翔能力普通，卻特別會做人，人緣極佳，每次報告都能得到教授特別的關注。俊宏對此心生不滿，內心充滿妒忌，甚至開始暗中惡意批評明翔的研究，散播謠言攻擊他的人格，希望他能因此倒楣。然而，時間過去後，明翔不但沒被影響，反而因為承受住壓力，表現得更加出色；俊宏卻因為長期處於負面情緒中，學業停滯不前，甚至出現憂鬱症的症狀。最後，教授反而特別鼓勵了明翔，推薦他取得海外交流機會，俊宏則在惡性循環中落得一無所有。

這個故事點出一個現代常見的問題：過度的羨慕讓人陷入嫉妒，嫉妒讓人喪失理智，最終只會讓自己深受其害。一旦過了理性羨慕的界線，就會讓自己陷入無止境的心理折磨，最後往往得不償失。

真正的幸福來自對自我的欣賞

我們常常只看到別人光鮮亮麗的一面，卻很難了解其背後的辛苦與付出；只會看到他人獲得掌聲時的笑容，卻看不到他們在黑暗中獨自流淚的模樣。或許你羨慕企業家擁有巨大財富與成就，卻不知道他們付出了多少身體健康與家庭生活的代價；或許你羨慕明星光彩奪目，卻忽略了他們必須犧牲多少隱私與自由。

人生就是這樣，你永遠不會知道別人正在承受什麼，也不會明白他們為了達到你羨慕的境界付出了什麼樣的代價。知足的人，無論身在何處，都是快樂的人。真正的幸福，不是擁有多少外在成就，而是懂得欣賞自己的生活，知道自己真正想要的是什麼。

一位生活簡單卻十分快樂的女主管曾經分享：「我曾經也羨慕其他公司那些年薪數百萬的高階經理，但後來我發現，我最珍惜的其實是陪伴家人、過安穩自在的日子。從那時起，我開始認真欣賞自己現在所擁有的，原來快樂就是這麼簡單。」

人生無法盡善盡美，與其一直羨慕他人的光彩，不如試著轉念，欣賞一下自己，因為在你羨慕別人的同時，你也正是別人眼中值得羨慕的那個人。

適當的羨慕是人性，也是動力，但過度的羨慕則會轉為自卑與嫉妒，讓你迷失方向、喪失對生活的熱情與感受力。當你學會適當地欣賞自己，才能真正發現生命的意義與價值，也才能讓自己活得更加從容而自在。

羨慕別人，不如讓自己發光

現今社會逐漸步入了一個追求自我價值與個性表達的時代，每個人都想要被看見，想要在人群中脫穎而出。但許多人總是不自覺地將目光放在他人身上，羨慕別人的外貌、財富或成就，忽略了其實自己也有值得欣賞與展現的地方。這種羨慕，常使人逐漸迷失方向，甚至忘記了如何去珍惜、展現自身獨有的光芒。

每個人的內心其實都有一個舞臺，舞臺大小完全取決於你對自己的肯定與自信。一名心理學家曾說：「人內心深處最渴望的，莫過於被認可、被欣賞。」我們經常將目光停留在別人精彩的人生裡，忽略了自己也具備了無限可能性。其實每個人都是自己生命舞臺的主角，別人無法取代你獨特的位置，你也無需去搶奪別人的光環，因為你自己本身就擁有專屬於自己的魅力。

你可能在職場中看到同事能力卓越，談吐得體，而羨慕不已，進而自我否定，認為自己遠遠不及。然而，或許你並沒有意識到，你也擁有別人所不具備的耐心與親和力，這種內在的特質往往是你在團隊合作中不可或缺的角色。只要善於發掘這種潛力，你同樣能獲得肯定與掌聲。

生命的劇本，自己書寫

我們的人生就像一場漫長的劇本，每個人都是自己故事中的主角。你可能會認為自己平凡而渺小，但其實只要你用心詮釋自己的角色，無論站在什麼位置上，都能發光發熱。

「認真扮演好自己的角色，就是成功的開始。」真正能被欣賞的並不一定是戲裡最華麗的主角，而是能把握每一場戲、用心演出的那一位。

職場中，一名櫃檯接待員或許並非公司裡最重要的人物，但如果她能用誠摯的笑容、周到的服務迎接每一位客人，那麼她就已經成為這家公司最具代表性的門面，甚至可能贏得更多賞識與機會。同樣地，你可能只是一名普通的行政人員，但只要你認真對待每一個細節，做到別人無法忽視你的存在，那你就成功地讓自己從平凡中脫穎而出。

有時候，我們過於羨慕別人，卻忘了回過頭來肯定自己的價值。事實上，每個人都有專屬於自己的天賦與才華，並且在某個領域裡散發出自己的光芒。人生不是用來超越別人，而是用來超越自己。你的舞臺不需要華麗，只要認真做好自己的角色，就能活出自信與精彩。

欣賞自己，活出獨特價值

人們常習慣與他人比較，以此來評價自己的優劣，卻忘記每個人都是獨一無二的存在。你不需為了別人而活，也無須模仿別人的人生軌跡，而是應該專注於發現與展現自己的特質。偉大的成就來自清楚了解自己的優勢與不足，真正的成功並非成為某人的影子，而是透過不斷自我探索，找到自己的位置，秀出專屬於你的風采。

或許你並沒有明星般耀眼的外表，但你擁有令人信賴的真誠；或許你沒有驚人的口才，但你卻具備細膩的觀察力與同理心。只要你肯定自己的價值，並勇敢地展現出來，那你就已經站在了人生最適合的位置上，成為別人眼中值得欣賞的風景。

真正的「秀」，不是刻意追求外界的目光，而是用自信、真實與獨特去表現自己的生命價值。與其羨慕別人的光彩，不如靜下心來探索自己的內在森林，用真實的自我，秀出最好的自己。

每個人都是獨一無二的存在，人生的每一個時刻都是展現自我的舞臺。當你學會欣賞自己，並以自信與認真的態度活出自己的精彩時，你將發現，其實你本身就是那一道別人羨慕不已的風景。

自我強化，是贏得信任的前提

我們經常聽到有人抱怨，說自己明明很努力，但就是懷才不遇，人生總是缺少一個貴人來推他一把。觀察許多成功人士，會發現他們的確在關鍵時刻都遇見了生命中的貴人，這些貴人的出現，讓他們有機會突破現有瓶頸，登上更廣闊的舞臺。

例如，在一間大型科技公司的開發部門裡，有一位名叫家豪的年輕工程師，他剛加入公司時，並沒有特別亮眼的表現，職務平凡，但他清楚知道，自己必須提升能力，才能被看見並獲得機會。因此家豪開始利用下班後的空閒時間，主動學習許多公司業務以外的新興技術，並主動分享成果給部門同事。他不求任何回報地協助同事解決技術難題，逐漸累積了良好的口碑與信任感。

半年後，公司技術副總裁來部門巡視時，特別注意到家豪在新技術上的貢獻與積極的態度，因此主動將家豪推薦至更重要的產品開發專案。後來，這位副總裁更私下提供家豪更多培訓資源與晉升的機會，使家豪在短短數年內就從一名基層員工，躍升為公司重點培養的核心技術主管。

獲得他助的前提是自助

其實，貴人能否幫你一把，取決於你是否有足夠的自我強化，貴人的出現只是錦上添花，而非雪中送炭。許多人誤以為只要遇到貴人，就能輕鬆成功，但若你自身缺乏扎實的能力，即便貴人伸出援手，也無法長久支撐你走得更遠。

一位年輕設計師怡君，在職場初期總是抱怨主管不重視她，認為自己沒有遇到好機會。但後來她發現，抱怨並沒有用，只有主動提升自己的專業能力，才有機會被主管與業界看見。於是她開始自費報名設計進修課程，主動提升自己的設計水準與創意發想能力，並且經常將創新的設計提案主動提供給主管作為參考，甚至提出一些公司未曾想到的創意方案。

沒多久，公司的創意總監主動邀請怡君參與大型專案，因為主管早就注意到她不斷進步且充滿創新想法的特質。由於怡君出色的表現，她逐漸得到更多業界知名人士的關注，也獲得其他企業高薪挖角的機會。最終，她因為實力突出而得到公司董事長的親自提拔，迅速從一名普通設計師升任為創意總監，薪水更提高了數倍。

回顧怡君的經歷，她能受到貴人賞識與協助，並非因為幸運，而是她懂得不斷提升自我價值，創造出貴人願意幫助的理由。

貴人的相助並非偶然的運氣，而是你持續不斷提升自己後的必然結果。當你自己足夠強大、有能力解決問題並創造價值時，貴人自然會主動靠近你，提供機會與資源，讓你更上一層樓。

人貴自強，方能贏得信任；唯有靠自己扎實的努力與準備，才能真正吸引貴人的賞識與支持。當你擁有堅強的自我實力，即使眼前還未出現貴人，你也早已準備好了迎接未來的每個機會，成功也必然離你不再遙遠。

能力才是真正的靠山

許多人在職場上會抱怨自己發展不順利，認為缺乏一個穩定而有力的靠山，使得自己的工作前途渺茫。的確，有時候有一個靠山或許能讓你更輕鬆地獲得一些機會，但靠山畢竟是外在的支持，並不牢靠。一旦靠山消失或失去影響力，你的職場生涯也可能隨之動搖。反過來看，若你自身能力不足，即使再強的靠山，也不可能無條件一直為你撐腰。

以現代職場上常見的情形來看，那些擁有突出能力、專業素養高的人，往往不需刻意去依靠某個人或關係，就能站穩自己的位置，甚至會受到許多機會主動青睞。在美國矽谷的科技公司中，工程師與設計師經常透過不斷提升自身專業技能，讓公司管理層對他們十分倚重，甚至搶著提供更高的待遇和更好的福利，深怕人才流失。這種情況之所以發生，並不是因為他們背後有什麼特別的靠山，而是因為他們透過自身的努力與專業，成為公司內部不可取代的重要人才。

創造價值，才能不被取代

在職場上，想要不被淘汰，最重要的是讓自己具備無法輕易替代的價值。過去在美國華爾街，有一位年輕的金融分析師剛進入投資銀行時，只是一名普通的職員，薪水也和其他新進員工差不多。但他很清楚自己若想在激烈的競爭中脫穎而出，必須付出更多努力來提升自己的價值。於是他每天在完成自己的工作之後，利用休息時間主動分析額外的市場資訊，提供給他的主管作為決策參考。他的主管很快就發現了這位年輕人所提交的報告水準高且深具洞察力，不久之後就主動要求他負責更重要的專案，並迅速晉升他的職位。

後來，其他銀行注意到他的突出表現，也相繼開出更優渥的條件想挖角他。公司為了留住他，不得不一再提高薪資與福利，短短幾年內他的薪資翻了數倍。他的成功，並非依靠人脈或任何靠山，而完全是因為他自身的能力與對工作的主動投入，使他成為職場中無可取代的重要角色。

現實社會中，平凡並不是問題，但如果甘心於平庸，那就註定要被淘汰。不管你現在從事什麼工作，都要主動去思考，如何在工作範圍之外多做一點，多學習一些新技能，讓自己成為團隊中具備不可替代價值的人才。當你能比別人多付出一些、表現更積極一些，自然會被注意，也更容易被重視與賞識。

靠自己，才是最穩定的未來

職場競爭從來都很殘酷，如果只仰賴別人的力量，就等於將自己的未來交給不確定的因素去掌控。許多人起初擁有良好的關係與背景，但最終卻因能力不足而失去了職場競爭力；相反的，許多原本平凡的人，卻能憑藉自身的努力與堅持，逐漸建立起讓自己變得無可替代的實力，成為職場上真正的贏家。

職場真正的安全感，不是來自於任何外力，而是你自己能不能持續提供價值。當你擁有了獨特且強大的專業能力，哪怕沒有任何人脈或靠山，你也會成為眾人主動想要靠攏的對象。

所以，不論任何時候都應該記住：能力比人脈重要，價值比靠山更可靠。唯有自己有價值，才能真正擁有屬於你的靠山，創造穩定而不被取代的職涯未來。

第一印象，決定你的人際高度

人們的外貌、五官或許先天已定，但個人魅力與氣質卻能透過後天的努力與自我培養而顯現出來。現實中我們會發現，有些人似乎天生就具有非凡的個人魅力，不論到哪裡都成為人群焦點。但對多數人而言，可能因為生活的平凡與重複，逐漸忘記該如何展現自己的魅力，甚至不知魅力為何物。

要如何在日常生活中提升自己的吸引力呢？首先要注意的是「第一印象」的重要性。每次認識一個新朋友、同事甚至客戶時，他們對你的觀感通常會在短短幾分鐘之內形成。這個第一印象不僅深刻，也很難改變。因此，若能在第一次接觸時就表現出良好的風範，將能為你的人際關係奠定一個良好的基礎。

例如，在一場公司舉辦的社交晚宴中，有位剛進入職場的年輕人志強，雖然他並沒有特別英俊的外表，但他總是衣著整潔得體，且待人誠懇、微笑親切，每次和別人握手時都熱情而不浮誇，說話時也會專注傾聽並給予適當回應。當天，他讓現場許多前輩和主管留下了很好的印象。數月後，當公司有一個重要的新專案需要從新人當中挑選負責人時，多位主管一致推薦了志強，原因並非他的專業能力特別突出，而是當初他留給眾人的良好印象，使大家對他的工作態度深具信心與好感。

從上述的案例來看，良好的第一印象確實能夠打開機會之門。而要建立這樣的印象，除了注意儀容整潔與得體的穿著之外，還需留意自身的言行舉止。舉止優雅、行動穩重、言語得體的人，自然會散發出與眾不同的魅力，進而獲得別人的青睞與信任。

發展個人特色，打造專屬魅力

除了外在形象與良好的禮儀之外，要想擁有持久且深入人心的魅力，還必須培養自己的個人特色與內涵。很多人因為長期過著朝九晚五的單調生活，很難找到有趣的話題與他人分享，逐漸失去了在社交中讓人記住的能力。這時候，若能培養一種專屬於自己的興趣或專長，便能快速地吸引他人的注意。

在銀行擔任客服主管的明芬，工作雖穩定卻十分乏味。某次她決定為自己的生活增添趣味，開始對手作陶藝產生興趣。她利用假日和晚上時間參加陶藝課程，從最基本的技術一步步學起，慢慢地製作出一些富有美感的陶器作品。後來，公司舉辦週年慶活動，邀請員工展現個人興趣或特長，明芬便帶了自己製作的陶器作品參展，結果她的作品受到同事與主管們的欣賞與好評，甚至有主管主動詢問是否能訂製陶藝禮品作為公司的客戶禮物。從此，明芬成為公司內外都受到關注的人物，她的個人魅力與價值得到了極大的提升。

另一方面，心地善良、樂於助人的人也更容易受到他人的尊敬與喜愛。例如，一位職員佳蓉，平日雖然個性內向，但她總是在休假時主動參與社區公益活動，協助弱勢族群。久而久之，她的善舉不僅感動了身邊的朋友與同事，也逐漸建立起了她良好的社交形象，使她成為公司裡備受信賴的人。同事們不僅更願意與她親近，也更願意在她需要時伸出援手。

魅力是經營自己的人生關鍵

人的魅力並非只能仰賴天生的外表或條件，而是來自你對自身的了解，以及不斷用心經營自我的態度。無論透過外在的儀表與禮儀，或內在的興趣與品格，只要願意持續努力，每個人都能成為令人欣賞且難以忘懷的人。

想要擁有真正吸引人的魅力，唯有從今天開始下定決心，點燃自身獨特的光芒，展現專屬於你的風采。當你持續且用心地為自己加分時，這份魅力自然會在你的生命中散發開來，讓你獲得更多人的肯定與欣賞，也讓你在人生的每個階段都能更加自信而從容地前進。

鮮明個性，在人群中脫穎而出

一個品牌要受到矚目，必須具備鮮明的個性和清晰的辨識度，因為只有擁有強烈且獨特的個性，才能在人群中迅速脫穎而出，吸引眾人的目光。人也是一樣，一個人若想要成就非凡，絕不能甘於平凡、循規蹈矩，而是要學會經營自己，建立專屬的個性品牌，勇敢地在合適的時機展現與眾不同的風采。

業務員志翔剛加入公司時，表現並不突出。他很快發現，公司的業務部門人才濟濟，要想有所突破，就必須有別人無法取代的特質。志翔觀察到許多同事都用傳統的方式接待客戶，於是決定建立自己的獨特風格。他開始每週花一點時間深入研究市場趨勢，並將有用的資訊做成有趣的圖表和簡報，每次拜訪客戶時，他不只是推薦商品，而是分享有價值的市場情報與專業建議。逐漸地，客戶開始特別期待他的來訪，主管也因為客戶的好評而對志翔刮目相看。一年後，公司因為他的特殊貢獻而將他升職為資深業務主管。志翔成功的關鍵在於，他勇於展現個人特色，打造屬於自己的專業個性品牌。

又如咖啡廳老闆怡婷，她的店剛開張時，生意平平。為了扭轉局面，怡婷決定建立鮮明的店面特色。她將店內的布置改造成帶有她個人風格的文藝空間，從家具擺設到背景音樂，每個細節都細心布置。此外，她每天會特別製作具有獨特故事的小卡片，放在每杯咖啡旁，讓顧客感受到她對生活與人情的溫度。沒多久，店裡開始聚集了許多忠實顧客，甚至吸引媒體來採訪，生意日益興隆。怡婷所打造的獨特個性品牌，成了她最有力的競爭優勢。

培養你的特色，創造持久魅力

許多人誤以為只有外向、大膽、作風強烈的人才擁有「特色」，而安靜內向或溫和的人便毫無特色可言。其實不然，個性並不是一定要刻意標新立異，而是你自然而然流露出的一種真實氣質與獨特風格。任何一種性格，都能透過適合的方式成為你的特質，創造出專屬於你的魅力。

例如，一位年輕的老師思穎，個性溫柔內向，不太擅長與人主動交流，但她卻有很好的耐心與細膩的觀察力，總是能敏銳地察覺學生的需求與心理變化。於是她將這種特質發揮到極致，設計出充滿人文關懷的創意教學方式，不僅贏得學生的喜愛，也得到學校和家長的高度讚賞，甚至還吸引其他學校向她請教教學方法。思穎雖然並未刻意展現張揚的個性，但她的溫柔與細膩，卻成為令人印象深刻的品牌特色。

又如一位從事軟體工程的博文，他的性格比較安靜，但他有著高度專注與細緻的工作態度，無論工作大小，他都一絲不苟地完成。他不常參加公司的社交活動，也不擅長在人前侃侃而談，但他的產品品質總是超越同儕，因此贏得了客戶與主管極高的信任與肯定。後來，公司因為博文出色的工作表現，特別將最重要的開發計畫交給他負責。他的專業與穩定，也逐漸成為公司內部極受肯定的個性品牌。

發掘自我特質，打造真正價值

每個人都有屬於自己的獨特個性，無論內向還是外向，熱情或沉靜，只要真實地了解自己並加以培養，就能建立起屬於自己的個性品牌。打造個性品牌不只是為了吸引目光或追求表面的與眾不同，而是真正透過挖掘自我價值，建立起能持續發光發熱的個人魅力。

人生若想要活得精彩而與眾不同，從今天開始就要學會展現自我，勇敢地塑造專屬於你的特質。當你不斷為個人特色加分並持續堅持時，你會發現，這份獨特的個性品牌會成為你最珍貴的資產，帶你走向成功與幸福的人生旅程。

盲目迎合，不如活出自己的色彩

很多人都曾經有這樣的經驗：因為和別人不同，而被排擠或嘲笑，進而選擇放棄自己原本的特質，試著去迎合別人的標準。但迎合的結果往往是失去自我，甚至連自己都不再喜歡原本的模樣。

舉個例子來說，欣儀剛進入一家廣告公司擔任設計師時，因為她的設計風格獨特，總是大膽創新，與傳統風格相差甚遠，因此經常受到同事的質疑與批評。為了融入團隊，她決定改變自己，不再做那些充滿個人色彩的設計，而選擇跟同事一樣的保守風格。起初，她感到舒適許多，因為再也不會被指指點點。然而，她很快就發現，自己逐漸變成了一個平凡無奇的設計師，不僅客戶不記得她，就連公司主管也不再特別留意她的作品了。

有一天，公司來了一個重要的客戶，這位客戶明確表示想要一個大膽創新且與眾不同的設計風格，而非傳統模式。同事們一時之間毫無靈感，這時欣儀才想起自己原本的專長與才華，但因為長久沒有堅持，她再也無法拿出令人驚艷的作品了。最後，她痛失這個難得的機會。

欣儀的故事提醒我們，不是別人眼中所謂的「正常」或

「正確」，才是最好的選擇。每個人都有專屬的特色，不應因為旁人的閒言閒語而輕易放棄。

主動出擊，才能掌握人生的舞臺

機會從不會自己找上門，而是要自己主動去創造和把握，與其默默等待機會降臨，不如勇敢亮出自己，主動爭取被看見的機會，讓世界知道你的價值。

以剛畢業的年輕作家冠宇為例，他熱愛寫作，但投稿作品經常石沉大海，許多出版社都未曾回覆他，讓他感到非常沮喪。但冠宇並沒有因此放棄，而是選擇積極地展現自我。他開始在網路平臺上經營個人的寫作頻道，每天分享自己的短篇作品，並且定期舉辦線上讀書會，與粉絲和讀者互動。漸漸地，他的文字風格和觀點獲得許多網友的認可，人氣逐步提升，最終吸引了出版社主動找上門來邀約合作。

同樣地，有位廚藝精湛的年輕廚師偉哲，原本在餐廳只是個默默無聞的小員工，每天只是完成主管交代的任務而已，沒有人發現他的真正才能。但後來他決定主動出擊，利用業餘時間在社群平臺分享自己獨創的創意料理，影片迅速走紅，也因此吸引了許多餐飲界前輩的注意與讚賞，甚至獲得知名主廚的青睞，主動邀請他參加美食展覽，後來更獲得創業機會，成功擁有了屬於自己的餐廳。

無論是哪個領域，唯有勇敢主動展現自己的優勢與特色，才能讓更多人看見你的才華，進而獲得更廣闊的發展空間。

勇敢展現特質

每個人身上都有獨特的價值與潛能，但若只將時間用在抱怨上，機會永遠不會出現。成功從來不是靠運氣，而是來自你是否敢於展現自我，讓別人看到你真正的實力與特質。

與其在角落裡羨慕或怨天尤人，不如主動走上舞臺中央，大膽地秀出自己與眾不同的個性與能力。當你願意勇敢地「亮劍」，世界自然會給予你真正的掌聲，屬於你的成功也就會隨之而來。

敢於不同，機會才會主動找上門

生活中，大部分人習慣按部就班，默默等待機會的到來，卻很少有人意識到，若想脫穎而出，靠的往往是別人意想不到的做法。勇於「出奇制勝」，才能真正抓住別人看不到的機會，取得與眾不同的成功。

在餐飲界努力多年的年輕廚師柏翰，他的手藝很好，但工作多年一直無法升遷，也得不到主管的特別關注。一次公司決定派一組廚師參加城市的美食競賽，柏翰自告奮勇，卻被認為資歷不夠而遭到拒絕。他沒有氣餒，而是在自己平時下班的時間，透過社群平臺分享自己研發的創新菜色，並詳細介紹自己的烹飪理念。不久後，他的創新料理在網路上爆紅，許多網友特地到餐廳指名要嘗試他的創意料理，公司主管驚訝之餘，主動提拔他成為店裡的主廚。他透過「出奇制勝」，用別人未曾想到的方法，成功開創了自己的職業生涯。

突破傳統，創造意外的價值

「出奇制勝」的核心，就是打破常規、勇敢嘗試未被開發的領域。許多人總是拘泥於傳統經驗，認為只有按照過去的成功模式走，才能再次成功。然而，現代社會瞬息萬變，若不懂得以創新方式看待問題，便難以在激烈的競爭中脫穎而出。

室內設計師若晴，接到了一個預算有限的設計案，她的同事都紛紛認為在這樣的條件下難以設計出令人滿意的作品，但若晴卻選擇「出奇制勝」。她主動走訪各種回收市場，收集被人丟棄但依然品質良好的材料和傢俱，再經過她創意巧思的重新設計與改造，這個原本不起眼的小空間竟然煥然一新，且風格獨特又吸睛。她的作品不僅讓業主非常滿意，更意外地被設計雜誌選中刊登，提升了她的名氣，也使她的職涯邁向新高峰。

類似的情況還有在業務領域工作的思琪，她原本負責的市場競爭激烈，難以取得突破。她觀察到同業大多用相同的方式吸引客戶，於是大膽改變行銷方式，將產品以有趣又創新的方式呈現，甚至以幽默短影片和客戶互動，迅速吸引了許多人的目光，業績超越其他同事，成為全公司業績最亮眼的明星。

在任何領域中，善於利用創新手法，總能開創出別人未曾想過的結果。那些能夠不斷創新、敢於與眾不同的人，往往能在機會來臨前就提前抓住它。

勇敢創新，方能立於不敗之地

「出奇制勝」之所以有效，正是因為大多數人習慣於按部就班，很少有人會預期別人會以不同的方式出牌。因此，敢於跳脫框架的人，往往更容易在競爭激烈的環境中，找到屬於自己的成功之道。

從現在開始，不妨放棄抱怨和等待，勇敢地以「出奇制勝」的態度面對挑戰，用創新的思想和行動，展現你的智慧與能力，成就真正屬於你的精彩人生。

懂得推銷自己，才有機會被看見

在現代職場中，許多人都擁有良好的能力與條件，但卻往往因為不懂得如何有效地推銷自己，導致即使能力出眾，也難以被主管或重要人士注意到。因此，若要在競爭激烈的環境中成功脫穎而出，懂得適當地推銷自己，是一門必須掌握的重要課題。

雅婷剛進入一家知名外商公司時，儘管她有著出色的專業能力，做事也非常細心，但因為她不擅長表現自己，在職場上總是不太顯眼。後來她發現，同樣能力的人因為善於向主管展現自己的成績，而快速獲得升遷機會，於是她開始改變策略。每當她完成重要的專案或取得顯著的業績時，她便會以簡潔有力的方式主動向主管報告，並分享自己的努力過程與成果。久而久之，主管開始注意到她，甚至主動將重要的工作交給她負責，她的事業也隨之穩步提升。

自我推銷的關鍵不在於誇大其詞，而是善於在適當的時機點，以客觀且具說服力的方式，將自己的價值精準地傳遞給重要的人物。很多人誤以為推銷自己，就是要用力吹捧，但這種方式不但容易令人反感，也容易暴露自己的不足。因此，在自我推銷前務必先做好準備，確保自己擁有足以讓別人相信的實力與證明。

避免誇張失實，適度才是關鍵

不當的自我推銷方式，不僅無法達到效果，反而會帶來嚴重後果。比如職場上曾有一位年輕的業務員家豪，口才相當好，卻習慣將自己的能力和產品優勢過度誇大。有一次，他為了爭取客戶的大單，未經仔細評估就向客戶保證公司能在短時間內提供大量貨品，並且許下無法實現的高品質承諾。結果公司根本無法履約，最終不僅損失了這筆大訂單，也重創公司在業界的信譽，家豪自己更因此被迫離職，職涯蒙上陰影。

另一種需要特別留意的是，在推銷自己的過程中，也不能過於急躁，尤其是在與人交往的初期階段，更要注意分寸。職場新人小萱就是個例子。她剛到公司不久，為了快速融入團體，便主動跟許多同事套交情，剛認識沒幾天就開始稱兄道弟，甚至過度分享自己的私事。結果卻適得其反，反而被認為是缺乏界限感的人，同事們紛紛與她保持距離，使她反而難以融入團隊，造成職場上的孤立。

可見，適度與分寸是自我推銷必須牢記的原則。良好的推銷並非一味地凸顯自己，而是要掌握好時機，點到為止，透過適當的方式展現真實實力與個性魅力，才能長久獲得別人的信任與支持。

選對目標對象，事半功倍

此外，自我推銷也要注意對象的選擇，並非對任何人都要刻意表現自己。若只在無關緊要的人面前展現才華，那只是在浪費時間，更無法達到理想的效果。反之，若能在關鍵人物面前適度地展現自己的才華與貢獻，就能有效提升個人形象，進一步為自己爭取更多的機會。

企業內部的重要主管、資深的前輩，或是在專業領域具有影響力的人士，都是值得經營且展現自我的對象。你應該善用場合與時間，透過一些小型簡報、會議或私下交流，適度地表現個人專業與能力，讓這些關鍵人物留下好印象，這樣當機會來臨時，他們自然會主動想起你，提供你寶貴的發展機會。

推銷有道，成功近在眼前

自我推銷並不是為了炫耀，而是為了讓更多人看到你的價值，幫助你更快速地踏上成功之路。只要你學會掌握自我推銷的技巧，保持適度與真誠，並且準確找到值得推銷的對象，就能真正成為職場上受歡迎且備受信任的人。

懂得自我推銷，便能為自己創造更廣闊的舞臺，讓你在人生道路上步步為營，逐步實現自己的理想與抱負。

第六章
說話的技巧，決定你走多遠

在現代社會中，我們早已意識到單靠埋頭苦幹已不足以脫穎而出，懂得適當地行銷自己，才能讓世界看見自己的價值。然而，「推銷自己」並不是一味浮誇的包裝，而是一門結合品味、智慧與表達力的藝術。如何在不失分寸的情況下展現專業，如何讓人從互動中感受到你的自信與實力，這其中牽涉到的不僅是技術問題，更關係到一個人的修養與深度。會包裝自己，並非虛假，而是懂得以最恰當的方式，把自己最好的一面呈現在最對的時機與人面前。

想要在競爭激烈的環境中站穩腳步，就必須軟硬兼備。硬實力是你的專業知識與工作能力，是你能解決問題的本事；而軟實力，則是你與人相處的態度、溝通協調的技巧、表達的能力。兩者缺一不可，尤其在這個重視人際連結與團隊合作的年代，單憑硬實力很難走得長遠。而「能言善道」，正是展現軟實力最直接的方式，你能否說清楚你的觀點、能否讓別人理解你的價值，都取決於你如何表達自己。真正的成功者，往往不只是會做事，更懂得把事情說好，讓別人相信、支持，甚至願意跟你同行。

說好話，是一種高級的能力

說話人人都會，但會不會說話卻是人生中的大學問。生活中我們經常看到，有些人只要一開口，就讓旁人覺得如沐春風，舒服自在；而有些人說話就像拿刀子一樣，沒說幾句話，就讓對方心裡難受、甚至想要逃避。由此可知，說話的方式、態度與技巧，往往比話的內容更重要。也因此，懂得如何說出一番好話，絕對是一項不可或缺的高級能力。

懂得說好話的人，不僅容易在職場上獲得主管的青睞，在社交場合中也總是更受歡迎；反之，不會說話的人，卻經常陷入不必要的誤會或困境。這並非天生的差異，而是在於後天有沒有花心思與精力去琢磨、學習。

有內容，才會說出讓人喜歡的話

很多人抱怨自己口才不好，常常將責任推給天生內向或害羞的性格，覺得自己無法像那些健談的人一樣，隨時隨地都能侃侃而談，輕鬆自在地與他人互動。但其實，真正影響說話能力的並非個性，而是每個人內在的知識儲備與閱歷的多寡。

我認識一位朋友曉琪，剛進公司時，她因為內向而不擅與人交流，開會時很少主動發言，即使發言也總是吞吞吐吐，無法完整表達自己的想法。她因此感到很苦惱，也認為自己永遠無法擁有好口才。但有一天，她偶然發現同事們在茶水間聊天時，不管談論的話題多麼隨意，總有人能把話接得很好，且內容豐富、有趣。

於是曉琪開始觀察這些人，慢慢地發現他們並非天生口才好，而是日常生活中閱讀量豐富，關注的話題廣泛。因此每當討論時事、電影、書籍或旅行等話題，他們總是可以輕易地侃侃而談。受到啟發的曉琪，從此每天花時間閱讀書籍，也留意新聞時事，並把一些有趣的事情記錄下來。經過幾個月的累積，她的知識量明顯增加了不少。

漸漸地，她在公司開會發言時，能夠自然地引用相關資料，講話內容也變得清晰又有邏輯，不僅主管開始注意到她，同事們也更願意傾聽她的意見。從曉琪的例子不難看出，想要說好話，首先要做的並不是克服內向，而是提升內在的涵養與見識。

有內涵的人說出的話，會讓人感到安心、有說服力。你若能時常提供別人有價值的資訊或觀點，就會成為眾人眼中值得傾聽的人，逐漸建立個人魅力。

懂技巧，才能讓你的話被認真傾聽

當你擁有足夠的內涵之後，接下來要掌握的，就是說話的技巧。所謂技巧，並非是取悅或迎合別人，而是如何透過適合的方式，讓你的話更容易被接受、更容易讓人認同。

我有位朋友叫冠霖，他在廣告公司任職，經常需要向客戶進行提案和簡報。起初他滿腦子的好點子卻不懂得如何清楚表達，每次簡報都講得毫無條理，讓客戶一頭霧水。後來，他參考前輩的做法，開始調整自己的說話方式。他學會在正式講話之前，先稍微停頓一下，整理好思緒，然後再慢慢開口。

同時，他懂得仔細觀察客戶的反應，當發現客戶眉頭皺起時，他會停頓下來詢問對方是不是有疑問；當客戶表現出興趣，他則會在這個重點上多停留一會兒，加強說明。透過這種方式，冠霖的簡報變得越來越順暢，客戶對他的滿意度也不斷提升，甚至開始主動指定由他負責更多重要的案子。

說話技巧除了節奏、語速、表情與聲調之外，還包含對話語分寸的拿捏。要做到適可而止，避免說話過度，尤其是說話的時候不能自顧自講得很開心，卻忽略了聽者的反應。懂得傾聽、懂得適時地回應對方，這些都是好的說話技巧。

說話的智慧，是一種持續累積的藝術

真正會說話的人，總能適時地將自己的話說得簡潔又得體，既不誇張，也不貶低別人。每一句話都經過深思熟慮，並適當地掌握住時機與氣氛。這種智慧，並非一夕之間可以速成，而是要靠長期的累積、練習與修正。

而要做到這一點，最好的方式就是多觀察、多聆聽，從善於說話的人身上取經，觀察他們如何用詞、如何掌握說話的尺度。尤其注意他們在什麼時候停頓，什麼時候轉換話題，什麼時候給別人表現的機會，並從他們身上學習，進而融會貫通成為自己的東西。

還有一點要注意的是，當你說出一句話之前，應當多想一想這句話可能會帶來的影響，避免無意間傷害別人或製造誤解。有智慧的說話，不僅能帶給別人溫暖，也能讓自己的人際關係更加和諧順暢。

與其羨慕別人的好口才，不如從今天開始改變自己，多閱讀、多思考、多觀察，逐步提升自己的內涵與說話技巧，成為能夠真正掌握說話藝術的人。人生在世，學會說好話，才能在關鍵時刻讓自己脫穎而出、贏得認可，成就更好的自己。

建立自己的說話風格

我們常說文章有風格，每個作家都有自己的筆觸，說話其實也是如此，每個人的談吐都應該有專屬的個性。培養自己獨特的說話風格，不僅能提升你在人群中的魅力，更能讓你輕易地被記住。為什麼有些人隨便一句話，就能讓大家開懷大笑，或立刻引起眾人的共鳴？關鍵就在於這些人擁有獨特的說話風格，展現出自己專屬的個人魅力。

有自己的說話風格，意味著你在人際交往中有辨識度，不會輕易被人遺忘。反觀有些人講話像是照本宣科，毫無起伏或特點，即使內容充實，也難以留下深刻印象。因此，打造屬於自己的說話風格，才是成功人際互動的關鍵所在。

佳欣是一名公司業務經理，說話語調不疾不徐，且總能恰到好處地加入幽默元素，談吐之間令人感到輕鬆愉快。她不刻意模仿任何人，反而以自己的節奏與語言特色吸引了許多客戶的喜愛，甚至讓原本嚴肅的談判場合也變得輕鬆順利。久而久之，大家一提到佳欣，馬上就會聯想到她那幽默輕鬆、富有親和力的說話風格，而這也成為她職場成功的重要原因之一。

培養獨特說話風格的關鍵技巧

想建立自己的說話風格，首先要了解自己的特色，避免去刻意模仿別人。許多人在談話時為了追求理想中的樣子，常常有意無意地複製別人的語氣與用詞，結果不但沒有表現出自己的特色，還讓人感覺不自然，甚至產生反感。因此，找到自己獨特的說話風格，首先應該從自身出發，善用自己的優點，才能在談吐間展現出自然真誠的魅力。

其次，談話內容必須貼近真實、展現真誠。許多人以為說話一定要花俏，卻忽略了真誠的重要性。其實，真誠而自然的談話風格最容易深入人心。我認識一位餐飲業的老闆志強，他與客戶或員工談話時，總是語氣溫和，態度真誠，即使偶爾出現口誤，大家也不會特別在意，因為他傳遞的是一種真實可信的態度。這種真誠的風格，讓人感到安心，也讓他在業界累積了良好的口碑與信任感，客戶與員工都特別願意聆聽他的意見。

另外，適當運用肢體語言也能加強你的說話風格。許多人忽略了肢體語言的影響力，談話時表情呆板、身體僵硬，導致內容再好也難以打動對方。有一位大學老師，她上課時特別善用生動的肢體語言，說到開心的事情時眼神炯炯有神，講到嚴肅的話題時手勢堅定且有力，生動的表達方式讓我們印象深刻，至今仍覺得她的課堂是最難忘的。可見，肢體語言能讓說話更加生動而有感染力，建立出專屬的個性魅力。

避免說話常見錯誤，提升個人魅力

要培養好的說話風格，也應該避免一些常見的錯誤，這樣才能讓你的風格更具吸引力且持久。

第一，避免說話速度不穩定。說話的速度要適中，若語速太快會讓人聽不清楚，太慢則容易令人分神失去耐性。以每分鐘 120 至 160 個字左右為佳，這樣的語速聽起來舒適自然，也能讓你的言論更容易被接受和理解。

第二，避免過度使用口頭禪。許多人在談話時習慣性地使用「嗯」、「那個」、「其實」這類詞語，久而久之容易影響自己的談吐專業度。尤其在正式場合，口頭禪會大幅降低你說話的可信度與魅力。因此，平時可透過錄音或朋友提醒，逐步減少口頭禪的使用，讓談吐更順暢精明。

第三，避免語調單調或刻意做作。講話時語調如果過於平淡，會讓人感到無趣；相反地，若過度誇張做作，則會讓人感到不舒服。自然的語調變化能有效提升說話的趣味性與可信度，使對方更願意聆聽你的想法與建議。

最後，要杜絕講粗話或不雅的詞彙。一個人的說話方式，直接反映出他的內在修養與氣質。粗俗的語言即使在非正式場合，也會對你的形象造成極大的傷害。平時應注意言語的選擇，透過閱讀與練習，提升自己的語言表達能力，讓你的談吐更加優雅大方。

說話風格，決定你的影響力

說話風格不是單純的表面技巧，而是你個性與內涵的綜合體現。透過適合自己的說話方式，不僅可以有效表達自己的想法，還能成功地傳遞出個人魅力，增加人們對你的信任與好感。

每個人都應該努力建立專屬自己的說話風格，無論是在職場、人際交往或生活中，都能夠因此受益良多。別再羨慕別人如何能言善道，不如從現在開始，找出自己獨特的說話特色，建立屬於你個人的談吐魅力，為自己創造更美好的發展空間。

說話需突出重點

我們經常遇到一些喜歡高談闊論的人，他們總是滔滔不絕地說個不停，但仔細一聽，卻又往往詞不達意，甚至語無倫次。這樣的說話方式不僅讓人聽了心生厭煩，還容易使人對說話者失去信任感。此外，也有人說話時總喜歡誇大其詞，不留餘地，造成不必要的誤解或尷尬局面。這樣的說話，看似口才極佳，實際上卻常常適得其反，無法達到理想的溝通效果。

真正善於說話的人往往言簡意賅，一語中的，能準確傳達出自己的意思並抓住聽眾的注意力。因此，話不必多，但一定要講到重點上。如何做到這一點呢？以下提出幾個具體的方法，幫助大家說話更有重點，避免不必要的誤解與麻煩。

針對不同對象，說不同的話

每個人的個性、背景、需求各不相同，因此說話時必須因人而異、因地制宜。舉個例子，與年長者交談時，需要保持尊重的語氣，言語中多一些關懷與體貼；與同齡朋友交流時，則可以更加輕鬆隨性，表達上也可較為直接坦率；面對上司時，言語要簡潔有力，強調工作的重點與效益，避免講太多枝微末節；與下屬溝通時，則需多一些耐心，重點明確，但表達要溫和一些。

有一位主管與部屬溝通時特別講求個別性，每次交辦任務時總會根據不同員工的個性來調整說話方式。對能力較強但易驕傲的員工，他會著重說明任務的挑戰性，激發對方的競爭意識；而對個性較內斂、不善表現自己的員工，他則會明確指出工作的重點，並鼓勵他們勇於嘗試。正因為他懂得針對不同人講不同的話，部屬都樂於配合，工作效率也隨之大幅提升。

避免觸及對方敏感話題

說話重點明確固然重要，但更應避免「哪壺不開提哪壺」。這需要一定的敏感度，懂得察言觀色。許多人在交談時因為缺乏對話的敏銳度，常常不經意地觸碰到對方的禁忌話題，導致交談尷尬甚至引發衝突。

我的同事阿美就曾經犯過這樣的錯。有次公司聚餐，她無意間提起另一位同事的婚姻狀況，殊不知對方剛經歷過感情上的挫折。話一出口，場面立刻變得尷尬無比，儘管她隨後試圖挽回氣氛，但為時已晚，這次的交談最終以不愉快收場。

這告訴我們，交談時不僅要講重點，更要學會察言觀色，避免提及對方不想碰觸的敏感話題，從而有效維護良好的溝通氛圍。

學會觀察對方的表情與動作

能否說出重點，除了言語本身外，還取決於你是否能準確地捕捉對方的情緒反應。在溝通中，人們的表情、眼神、姿勢、動作都是傳達內心情緒的重要訊號。善於察言觀色的人總能從這些非言語訊息中，判斷出對方的心理變化，適時調整自己的談話內容與方向。

例如，一個人若在你說話時頻繁地看手錶或手機，可能表示他對你講的內容並不感興趣，這時你就應該迅速收束話題或調整內容；相反，如果對方表現出專注的眼神與頻繁的點頭，這意味著你的話正好說中了他的需求與興趣點，可以再深入一點。懂得隨時觀察對方反應，並根據實際情況調整講話方式，才能真正做到「說話有重點」。

阿萍在人際交往上總是很受歡迎，其中一個關鍵原因就是她善於捕捉對方微妙的情緒變化。有一次，她在一場商業會議上進行產品簡報，剛開始時氣氛僵硬，有些聽眾看起來並不投入。但她很快發現聽眾對產品的實際應用案例特別感興趣，立即將簡報重點轉移到這方面。結果，原本冷淡的聽眾漸漸熱情起來，甚至在會後還主動詢問更多細節。慧萍懂得及時捕捉現場氣氛，說話重點鮮明，讓她成為深受歡迎的演講者。

適當的停頓

除了上述技巧外，說話時適當的停頓也相當重要。許多人為了表達清晰，會盡量快速地把內容講完，但若毫不停頓地連續表達，反而讓聽眾難以理解或記憶。因此，善用停頓，可以讓你的說話更有層次，重點更加突出。

例如，在重要資訊或強調重點時，可以稍微停頓一下，給予聽眾理解與思考的空間，這樣不僅增加說話的說服力，也讓聽眾更容易接受你要表達的內容。我過去有位教授授課時便非常懂得運用停頓，當他講到重要概念時，總會停頓幾秒，讓我們深刻體會到那段話的重要性，至今他的講課方式仍讓我印象深刻。

總之，說話重點明確並非難事，但需要從言語內容、觀察對象、避免禁忌到適時停頓等方面綜合著手練習，唯有如此，才能真正做到言簡意賅，達成理想的溝通效果。

先說好話，才能成事

生活中我們經常發現，說話是一門重要卻又容易被忽視的藝術。一句話，可以將敵意化為善意，亦可令親密的朋友反目成仇；一句話，可以讓成功近在咫尺，也可能令我們前功盡棄；一句話，更可以影響一個人的一生，成為轉折點。從這些情況可知，說話的好壞，不僅與生活息息相關，更影響著人際關係和事業的成敗。

有些人天生善於說話，每當他們開口，都能讓人如沐春風，感到愉悅與舒適，願意與之親近；而另一些人雖然才華出眾，卻因為不懂說話技巧，常常得罪人，甚至把事情弄糟，造成遺憾。因此，學會說好話，成為一種必備的能力。

說話要有溫度，貼近人心

在與人溝通時，我們要根據不同的對象、場合調整說話方式，使對方感受到我們的尊重與善意。過於文雅或過於粗魯，都可能無法達成溝通的目的。

孔子與學生們周遊列國，一日途經農田時，孔子的馬掙脫韁繩，跑去吃了農夫的莊稼。農夫氣憤地扣下了馬。孔子最擅辯才的學生子貢上前與農夫講理，但子貢文詞繁複，道理說得頭頭是道，農夫卻根本聽不進去。

另一位年輕的學生見狀便對孔子說：「老師，我來試試。」他笑著走向農夫，親切地說：「我們的田地相鄰，今天是我的馬吃了你的麥苗，改天說不定你的牛也會跑來吃我家的莊稼，彼此包容一下，不是更好嗎？」農夫聽了覺得言之有理，氣也就消了，於是把馬還給了孔子。由此可見，溝通要有溫度，講話要貼近人心，才會達到目的。

避免直言傷人，巧妙迂迴溝通

有時我們為了達成目的，需要懂得用迂迴的說話技巧，避免因為太過直白而傷害對方或引發衝突。

楚莊王酷愛馬匹，對愛馬的待遇甚至超過了臣子。有一匹心愛的馬死去後，楚莊王要以大夫的禮儀厚葬這匹馬，臣子們紛紛勸阻卻都遭到威脅，不敢再說。

一位名叫優孟的臣子，聽聞此事後卻反而大哭，楚莊王見狀問道：「優孟，你哭什麼呢？」優孟回答：「大王如此愛馬，卻只以大夫禮葬之，實在太輕慢了。應當以君王的禮儀，使用玉石棺材，召集各國使節前來送葬，這樣才能顯示您的尊貴。」

楚莊王聽了，漸漸明白了其中的諷刺，於是詢問：「莫非我做錯了？」優孟趁機回道：「大王，動物終究是動物，不如簡單處理，用銅鍋做棺，蔥蒜為祭品，以火來葬送，這才是真正合適的辦法。」楚莊王這才恍然大悟，放棄了原本荒謬的做法。

優孟之所以成功說服楚莊王，正是因為他懂得以迂迴、巧妙的方式進行溝通，不僅達成目的，也避免了直言相諫可能帶來的嚴重後果。

說話不僅是技術，更是藝術

我們都聽說過「禍從口出」這句話。說話的藝術在於懂得分寸、恰到好處。古人早已意識到說話的重要性，甚至有「一言興邦，一言喪邦」之說，可見掌握說話技巧，實為人生重要的修練之一。

如何才能把話說得好、說到位呢？首先，要注意聽眾的身分地位、心情狀態與需求，以他們能接受的方式來表達。其次，要講求誠意，態度誠懇有禮，避免虛偽做作，讓人感受到真心。再者，要抓住重點，避免說話拖泥帶水，否則只會讓人心生厭倦。

有的人常抱怨自己不善言辭，其實並非無法改變。說話的能力可以透過不斷學習與練習來提升。試著多聆聽善於說話的人如何說話，觀察他們的語氣、用詞和表情；然後從日常交談做起，練習表達自己的意見與想法，慢慢累積自信，便能逐步掌握說話的藝術。

說好話的重要性，不只在於語言表達的技巧，更在於能否建立起良好的溝通氛圍，讓聽者願意主動傾聽和接受你的建議與想法。透過用心的語言表達，你能建立良好的人際關係，得到更多的支持與幫助，也能使你在各種場合更加如魚得水，獲得成功。

因此，若想把事情辦好，就得先學會把話說好。能言善道不是天生，而是透過後天的努力與累積而成。當你學會說好話，人生便能更加順暢自在，事業與人際關係自然也會如虎添翼，順利發展。

長話短說，提高效率

現代社會中，我們每天都需要透過言語與人溝通，無論在職場、生活或是人際交往，如何說話才能真正達到效果，是許多人共同關注的問題。說話的目的其實只有兩個：告訴與說服，但這看似簡單的事情，卻往往比想像中更難達成。有些人洋洋灑灑地說了半天，卻抓不住重點，讓聽者一頭霧水；有的人雖引經據典，但無法讓聽眾理解其真實意圖。因此，想要提升溝通的效率，說話必須做到簡潔有力。

掌握要點，精準表達

說話要簡潔有力的第一步，就是必須懂得掌握要點，精準地表達自己真正想傳達的內容。許多人之所以說話拐彎抹角，是因為害怕直接說出自己的想法，會引起誤會或衝突。但事實上，越是迂迴，聽者越容易混淆真正的意圖。舉個例子來說，若公司內部出現問題，管理者應直接告知員工問題出在哪裡、如何解決，避免模糊不清的指示，反而讓情況更加複雜。

此外，精準表達也意味著用詞必須嚴謹。使用明確而清晰的詞彙，能有效地避免歧義與誤解，同時提升你在他人心中的專業形象。當你把話說清楚、說明白，對方自然更容易理解你的需求，也更願意配合你達成目標。

有句俗語說得好：「時間就是金錢。」在現代快節奏的社會裡，每個人的時間都極其寶貴，冗長的言語只會浪費彼此的時間，降低溝通效率。因此，能夠將複雜的內容透過簡短有力的方式表達，才是真正高明的溝通高手。

有些人認為「多說多保險」，其實這種想法並不正確。簡潔而具體的溝通，才能更快速地達成共識。例如，一個好的主管在交辦任務時，會清楚地說明工作重點、時間點與預期效果，避免不必要的細節干擾，反而能讓員工更快、更準確地完成任務。

慢中有序，從容應對

許多人在溝通時一遇到緊急狀況，便容易手忙腳亂，語言表達也跟著混亂起來。然而，越是緊急的情況下，越需要保持冷靜，才能將話說得清楚易懂。這就是所謂的「急事慢說」。

舉例來說，一位醫生在面對病患家屬詢問病情時，無論情況如何危急，也必須冷靜、清晰地說明病情狀況，並提供明確的治療方案。若醫生自己先著急，反而會引起病患家屬的恐慌與混亂。因此，面對急事時，從容不迫地說話，才能真正掌控局面，讓人安心。

以事服人，更勝於理

不少人認為，說話要有效，就必須靠大量的理論或華麗的詞藻支撐，這是一種誤解。實際上，能說服人的往往是具體而生動的例子，而非抽象的理論或教條。透過貼近生活的具體案例，聽者才能真正理解你的想法，進而接受你的觀點。

例如，一位主管想要說服員工接受新的工作流程，與其說一堆複雜的理論，不如直接舉出其他企業實施類似流程後成功提高效率的例子。這樣不僅能讓員工輕鬆理解，也更容易接受改變。

貼心溝通，站在對方立場

有效溝通的另一個關鍵，是站在對方的立場說話。當你能考慮對方的需求與感受時，自然能用最簡單的語言，傳達最有效的訊息。設身處地的溝通，不僅能讓對方更容易接受你的觀點，也會增加對你的信任與好感。

舉例來說，業務人員在推銷產品時，若能從客戶的需求出發，清楚地說明產品如何滿足對方的需求，而非一味強調產品本身有多好，便能更有效地促成交易。

當你能持續練習這幾個原則，你將逐漸發現，說話變得更加輕鬆自在，溝通更加有效且充滿力量，無論在生活、職場或人際交往中，都能贏得更多支持與成功。

幽默說話，展現人際智慧

說話是一門藝術，更是一種智慧，而幽默則是這種智慧裡的高階技巧。幽默的話語不僅能打動人心，還能在緊張的情況下緩和氣氛，在僵局中打開新局面。有句話說：「幽默是人類溝通的潤滑劑。」運用得當的幽默，往往比一本正經的道理更能打動人心。

幽默的智慧化解衝突

人與人之間相處難免出現意見分歧，直接針鋒相對往往會傷害彼此的感情，這時候適度運用幽默便能化解衝突。有一位知名的心理學家曾經分享一個故事：一對夫妻因為妻子忘記了丈夫的生日而鬧得不愉快，丈夫賭氣不理睬妻子。第二天早晨，妻子笑著對丈夫說：「親愛的，我實在太貼心了，知道你怕老，所以特意不提醒你又老了一歲！」丈夫聽了這句話忍不住大笑起來，夫妻之間的緊張氣氛也就此煙消雲散。

從這個小故事可知，幽默是消除誤會與矛盾的最佳方式之一，遠比爭辯、冷戰更有效果。

人們通常不喜歡接受批評，尤其是當批評的言辭過於直接或尖銳時，更容易引發反彈。但如果運用幽默的方式來提出建議或批評，效果往往能大大改善。

例如，英國前首相邱吉爾素以機智幽默著稱。有一次在國會辯論時，一位反對派議員刻意激怒他說：「首相先生，我若是你的夫人，一定會在你的茶裡放毒藥！」邱吉爾從容回應道：「若我不幸娶了你，我寧願喝下那杯茶。」幽默且巧妙的回應，立即讓反對派議員啞口無言，也顯示出邱吉爾在言語交鋒中的智慧與風度。

生活節奏日益快速，人們承受的壓力越來越大。此時若能善用幽默，不僅能使自己放鬆，還能幫助周遭的人舒緩緊繃的情緒。

幽默說話的界線與技巧

雖然幽默在溝通中作用顯著，但幽默也必須掌握分寸。一不小心，幽默也可能變成尷尬甚至冒犯他人的武器。因此，說話時要謹記以下兩點：

第一，幽默必須合乎場合和對象。正式場合不宜過度輕浮；與不熟悉的人互動，也須謹慎使用，以免對方感到不舒服。

第二，幽默不等於嘲笑或諷刺。尤其是在職場和人際關係中，使用幽默的同時也要注意尊重他人，避免以嘲笑他人缺點或挖苦的方式來獲取笑聲。

懂得如何使用幽默，能讓你在社交場合展現魅力，在工作中化解衝突，更在人際關係中留下美好的印象。但要記住，最好的幽默總是帶著善意，因為善意的幽默，才能真正拉近彼此的距離。

幽默不僅僅是一種說話的技巧，更是你人生智慧的體現。學會幽默，學會溝通，讓你的人生更輕鬆，也更精彩。

說話成就高情商

在生活中，我們難免遇到意料之外的尷尬、挑釁或困境，如何巧妙應變，展現說話藝術，正是高情商的體現。其中，機智應變的能力，正是人際交往裡不可或缺的關鍵能力之一。

幽默回擊，化被動為主動

當他人刻意挑釁，若一味回避或憤怒反擊，都可能讓自己陷入更加不利的處境。此時若能運用幽默進行回擊，不但能扭轉情勢，更能給對方一個有力的反擊。

一名外國影星曾在記者會上，被一位記者尖銳地問:「聽說你以前吸毒，是這樣嗎？」現場氣氛瞬間凝重。他卻笑著說:「是的，不過我現在更『上癮』的是拍出好電影！」一句巧妙而不失自信的回應，讓提問的記者失去繼續追擊的理由，也贏得了現場的掌聲。

若無法幽默回應，善用轉移話題或借勢轉移注意力，也是一種高明的應對技巧。

某位公司主管在重要會議上，突然有同事質問他未能妥善處理一項工作，氣氛頓時尷尬。這位主管沒有正面回應對方的質疑，而是冷靜地說：「你的提醒非常重要，等一下結束會議我們一起討論細節，先來完成今天最重要的決議。」短短一句話，把眾人的注意力拉回主題上，避免會議陷入無謂的爭執，也彰顯了他的冷靜與領導力。

語言的靈活運用，展現高級智慧

使用語言技巧，不僅能化解尷尬，還能讓你顯得更有智慧、更有趣。例如刻意說錯話或以誇張的方式表達某種觀點，便能營造幽默效果，並且巧妙地掌握談話主導權。

某次在社交場合，一位朋友不小心打翻了飲料，正覺得無地自容時，另一位友人幽默地說：「沒關係，我們這次聚會本來就少了一點火花，現在才真正熱鬧起來。」一句玩笑話，立刻轉化了場面的尷尬氣氛，反而讓當事者輕鬆不少。

掌握說話時機，提升溝通效能

說話除了講求技巧，說的時機也很重要。以下提供幾個實用小建議，幫助你提升溝通的效能與說話智慧：

急事慢說

遇到緊急情況，千萬別慌張，要從容說清楚，給人沉穩可靠的印象。

小事輕鬆說

小事情用幽默語氣輕鬆帶過，給人親切溫暖的感受，更容易增進彼此情誼。

沒把握謹慎說

對沒有把握的事要保守謹慎，讓別人覺得你值得信任，也避免將來落人口實。

傷人的話不說

言語的殺傷力巨大，能避免就避免，這是維護人際關係的關鍵。

聽多說少

在不熟悉的話題上，寧可多聽少說，這不但能避免犯錯，更能使人覺得你謙虛謹慎。

自己的事，開放聽意見

談到自己，保持開放態度，聽取他人看法，展現出你的成熟與自信。

夫妻相處，商量著說

夫妻溝通，最忌指責與爭吵，以商量的口吻，共同尋求解決辦法，能有效增加感情溫度。

孩子的事，耐心開導

對待孩子，尤其青春期的青少年，用耐心而非命令式的口吻開導，才能真正走進孩子的心靈世界。

機智應變的說話技巧，不僅是人際關係中的重要能力，更體現了一個人的情商與修養。透過適當的自嘲、幽默回應、轉移話題，以及精準的說話時機，不僅能輕鬆化解危機，也讓你成為朋友眼中的魅力人物。善用語言的藝術，人生道路將更加順遂，也更加豐富精彩。

溫和的力量

人生在世，誰都希望被鼓勵和讚美，但人難免會犯錯。當我們發現別人的錯誤時，如果置之不理，可能導致對方重蹈覆轍；若直接責備，又容易讓對方失去信心，甚至產生敵意。因此，如何做到「打一巴掌不忘揉三揉」，讓批評既達到效果又不傷和氣，就成了生活中重要的人際智慧。

說話的藝術 —— 先讚美再批評

每個人犯錯後，內心總是特別脆弱，此時若一味地指責，不但無法讓對方改正錯誤，反而可能激起反抗心理，嚴重時甚至產生無法挽回的衝突。此時，若能在批評之前，先肯定對方的長處，或給予適當的安慰與鼓勵，效果會大不相同。

先讚美再批評的溫和說話藝術，不僅保住了當事人雙方的尊嚴，也給予對方改善的動力，更展現出他身為領袖的包容與氣度。

幽默批評 —— 讓人會心一笑

批評若能透過幽默的方式呈現，通常更容易被人接受，且能有效緩和當事人緊張、尷尬的情緒。適當地使用幽默，會使氣氛輕鬆，也讓對方心甘情願地接受批評。

英國前首相邱吉爾是以幽默聞名的政治家。有一次在議會演講時，一名議員試圖打斷他的發言，說：「首相先生，你講的話聽起來像是在對牛彈琴！」邱吉爾微笑地看著對方，不疾不徐地回應：「我明白，我現在正努力地讓『牛』聽懂。」一句幽默的話，讓議員啞口無言，也讓邱吉爾成功化解了對方的挑釁，更贏得在場人士的掌聲。

邱吉爾的幽默，並沒有直接地批評對方，而是用間接、幽默的方式回擊，展現出他的大氣與智慧，這種溝通技巧，值得我們在生活中學習。

批評中帶鼓勵 —— 有效激發潛能

每個人都有優缺點，批評者如果只盯著缺點猛批，對方很容易失去動力。但若能批評中帶著鼓勵的語氣，往往能喚起對方改正錯誤的勇氣，甚至超越原本的表現。

一位企業的主管在管理年輕員工時，曾遇到一位工作效率低下但創意十足的設計師。這位主管並未直接指出員工的工作效率低，而是先肯定他的創意：「你的設計點子非常獨特，這是你的最大優勢，如果你能把工作流程再加快一點，相信你的創意能夠更快速、更完美地實現，成就也會更亮眼。」這名年輕設計師在得到肯定後，主動改善了自己的效率，不僅沒有反感，反而更加積極地投入工作。

這位主管的批評方式不但有效地糾正了問題，也同時激發員工的潛能，真正做到「打一巴掌不忘揉三揉」。

批評的智慧 —— 守護良好人際關係

批評並不是為了讓人難堪，而是希望對方更好。懂得批評藝術的人，總是能在指出錯誤後，及時給予對方正向回饋，讓人心服口服地接受自己的建議。批評者的態度與技巧，決定了對方是否願意改善，也影響了彼此未來的互動關係。

我們在日常生活中，無論是對待同事、朋友或家人，都應牢記批評的藝術。適當時機的讚美與安慰，可以平衡批評的銳利，讓我們在指出別人錯誤的同時，增進彼此的感情，達成更理想的人際效果。

總結來說，批評是一門需要智慧的藝術。善用幽默、溫和、鼓勵的方式批評，才能真正達到促進成長的目的，讓彼此在人際交往的道路上越走越順暢，越走越有力量。

善用說「不」的藝術

懂得拒絕，是一種自我保護的智慧，也是人際關係的必備技能。很多時候，我們為了顧及情面，總是不敢直接回絕別人，結果讓自己陷入進退兩難的局面。其實，在適當的時機勇於說「不」，不僅能避免麻煩，也有助於彼此建立更真實、更健康的人際關係。不過，如何恰當地說「不」卻是一門需要細膩拿捏的藝術。

說「不」的技巧

我們每個人都有權利拒絕不合理或不情願的要求，然而，不同的場合應該使用不同的說「不」策略，才能避免尷尬，也不傷和氣。

首先，可以用婉轉含蓄的方式拒絕。例如，職場上主管提出某項你難以達成的任務時，若直接回絕恐怕會讓對方感到不被尊重；此時你可說：「我很樂意協助，但目前手上的專案可能會受到影響，不知道能否先調整一下優先順序呢？」透過轉移話題，能讓對方體諒你的處境，主動放棄原本的要求。

其次，利用延後的技巧也是有效的。例如，朋友邀約你參加不感興趣的聚會時，可以禮貌回應：「聽起來很不錯，但我現在不確定能不能去，我再確認一下行程，再告訴你。」這種回應不會直接讓對方覺得難堪，也不至於勉強自己，保留了一些餘地。

最後，大膽明確地拒絕也是必須的。對於不道德、不公平或明顯違反原則的要求，必須果斷表達立場。

說「不」的四大禁忌

然而，即便我們學會了拒絕技巧，也要注意避免以下幾種禁忌，否則反而可能讓情況變得更糟。

首先，忌諱模稜兩可。拒絕別人若猶豫不決、支支吾吾，只會讓對方留下迴旋餘地，最終還是得不到解脫。果斷而清晰的表達，才是真正的尊重。

其次，忌諱藉口拙劣。當你想拒絕別人時，若隨便找個難以自圓其說的理由，對方很容易發現真相，導致更大的誤會。例如，你若以「今天很忙」作為拒絕理由，對方可能隨即詢問明天或後天，這樣一來，反而更加麻煩。

第三，忌諱情緒激動。拒絕別人時要避免情緒化的反應，即使對方要求不合理，也不要激動地駁回。冷靜、理性地表達自己的立場，能更有效且不傷感情地讓對方接受你的決定。

最後，忌諱過度熱情或虛假。拒絕後若急著補償對方，說出太多不真誠的承諾，例如「下次一定」、「改天再約」，只會讓對方期待落空，更覺得你言不由衷，甚至損害你的人際信用。

拒絕的藝術決定人際高度

懂得說「不」的人，代表他有清晰的個人界線，也有堅定的內心標準。懂得拒絕，並非要斬斷人際關係，而是建立更健康、更長久的互動模式。那些不懂得適時拒絕的人，往往不僅讓自己承受更多壓力，最終也會損害彼此的信任關係。

真正成熟的人，能在說「不」的同時，既顧及對方情感，也維持自己的尊嚴。人際互動中，善用說「不」的藝術，才能讓自己活得更自在，並贏得更真實的尊重。

第七章 單打獨鬥的時代已經過去

放眼今日社會，不論是企業經營、創新研發，甚至是任何大型專案的推進，都無法只靠單打獨鬥。成功早已不是英雄一人的舞臺，而是一整個團隊協同合作的成果。領導者是否能擁有胸襟與手腕，將各類人才安置於最適合的位置，促使整體產生超過總和的效果，正是能否從競爭中突圍的關鍵。團隊的價值，從來不只是人數的堆疊，而是凝聚的力量、共識的驅動與相互成就的信念。真正高明的領袖，不是自己最強，而是懂得讓整個團隊都強起來。

善用團隊合作，遠離孤軍奮戰的困境

歷史上的人物往往給予我們許多啟發，但並非所有傑出人才最終都能成就大業，原因常常出在不懂得團隊合作。拿法國歷史上的拿破崙來說，他雄才大略，軍事才能卓越無比，卻因忽視團隊合作的重要性，最終陷入滑鐵盧的慘敗。當他單憑個人意志與驕傲，拒絕聽取幕僚的建議，錯誤判斷局勢，使得原本戰無不勝的法國軍隊一敗塗地，他自己也被迫流放於聖赫勒拿島上，結局令人惋惜。

相較之下，美國的林肯總統雖然並非最有軍事才華的政治家，但他懂得善用團隊、協調各方人才。他充分信任並倚重其他將領與幕僚，積極採納各方建議，成功終結了美國內戰，進一步成就了偉大的歷史功績。因此，「善用團隊」與「孤軍奮戰」這兩種不同策略的結局，足以給我們重要的啟示。

從這些歷史案例可知，所謂的英雄氣概並非總能帶來勝利，有時反而會成為致命的缺陷。個人的才華、勇氣固然重要，但如果缺乏團隊精神與合作能力，再優秀的人也難以取得真正長遠的成功。

現代職場，團隊勝於英雄

現代社會的快速發展讓職場分工越來越細，每個人擅長的領域也越來越專業，這就使得團隊合作成為必要條件。不論是科技巨頭蘋果公司、電動車龍頭特斯拉，還是國際醫療研發團隊，他們取得成功的關鍵並非仰賴單一明星人物，而是善於整合不同領域的菁英人才，使之密切配合，產生巨大的團隊效能。

例如，蘋果創辦人賈伯斯雖然個人魅力十足，但他的成功其實建立在團隊運作之上。蘋果公司透過軟體、硬體、設計與行銷團隊的密切合作，創造出令人驚艷的產品。

擺脫個人英雄主義的迷思

不少人誤以為「獨立」與「孤立」可以劃上等號，甚至誤認為一個人完成所有任務才算真正的能幹與勇敢，這是一種錯誤的想法。其實，真正有智慧、有經驗的人，都懂得善用團隊力量，而非一味強調自己的單打獨鬥。

曾經有兩位歐洲頂尖大學的畢業生被母校聘用，其中一人名叫艾倫，學術成績頂尖，個人研究能力非常強；另一人叫克里斯，學術表現中規中矩，但善於溝通和整合團隊力量。艾倫堅持自己做研究，拒絕與其他同事合作，因為他認為自己的能力足以解決所有問題，結果他的研究最終遇到了瓶頸。當艾倫求助時，卻發現先前被自己疏離的同事們都不願意再伸出援手。相反的，克里斯積極與各單位合作，不僅個人研究取得成果，更因為出色的協調能力，迅速被提拔至管理職位，展現了卓越的團隊領導能力。

現代職場要取得成功，不能只憑個人的聰明才智，更要善於經營和維護良好的團隊合作關係。透過與他人的合作，才能將個人能力進一步放大，達到事半功倍的效果。

合作成就遠大目標

有句話說得好：「想走得快就一個人走，想走得遠就一起走。」想成就非凡的人生，不能只靠個人的力量，還必須懂得如何與他人合作。學會善用他人的優點彌補自己的不足，藉助團隊的力量推動目標，才能事業順利，人生圓滿。

我們應該體認到，個人再有才華也無法獨自包辦所有事情。只有尊重他人、善用彼此優點，才能在現代這個強調分工與合作的社會中站穩腳步，甚至創造奇蹟。

由此可見，培養良好的團隊合作能力，主動與不同領域的人交流合作，不僅是智慧的選擇，更是現代職場生存與成功的必要條件。讓我們牢記這個道理，避免成為歷史上孤軍奮戰而失敗的又一個悲劇，唯有合作才能真正成就非凡的人生。

善待他人，就是善待自己

美國著名心理學家亞當·格蘭特（Adam Grant）曾在《給予者》（*Give and Take*）這本書中提到：「當你願意將自己的資源分享給別人時，你不只是在幫助對方，同時也在為自己創造更多的機會與價值。」這句話說明了一個非常重要的道理，那就是當你真心為他人著想、樂於助人時，所收穫的往往比付出的更多、更豐富。

曾經有一個流傳很廣的故事：一位父親帶著兒子去山谷健行，兒子因為一時情緒不好，憤怒地大喊：「我討厭你！」不料山谷也回傳了相同的聲音：「我討厭你！」小男孩嚇壞了，向父親抱怨山裡有人討厭他。父親卻笑著對兒子說：「試試看說一些好話吧。」小孩半信半疑地大聲喊道：「我喜歡你！」果然，山谷中立刻傳回：「我喜歡你！」父親告訴他，人生就像這座山谷，你付出什麼，得到的就會是什麼。

事實正是如此，你對別人的善意，最後一定會以某種形式回到自己身上。就像一句名言所說的：「當你送出一朵玫瑰，你的手中也會留下一絲芳香。」

互助才能共贏

無論在生活、職場或企業經營中，幫助別人都絕非損失，而是一種長期而穩定的投資。舉個生活化的例子，在科技公司任職的年輕工程師希文，經常主動協助同事解決技術上的難題，有時甚至利用自己的私人時間幫助他們排除問題。他的同事都很感激，也樂意在希文需要協助時伸出援手。結果，公司內部人際關係越來越好，整個團隊的效率也明顯提高，希文後來成為最年輕的部門主管。這樣的善意循環，也體現在團隊和企業的長期發展上。

現在的企業要能穩健發展，就必須懂得這個互助共贏的道理。之前新冠疫情爆發時，美國一家小型餐飲集團主動將未用完的食材捐給附近的社區廚房，供應給因為疫情陷入困境的弱勢家庭。當疫情稍緩後，許多曾經接受幫助的社區民眾主動成為這家餐飲集團的忠實顧客，幫助公司度過了疫情後的困難期。由此可見，企業與顧客的關係是相互的，只有當你真正替顧客著想、為他們創造價值，顧客才會願意長期支持你。

真正成功的人，往往不是那種只想著個人利益的企業家，而是願意主動幫助他人成長的領導者。因為他們知道，只有透過幫助客戶成功，企業本身才能長久地獲利與成長，進而獲得更大的成功。

給予的快樂，勝過索取

許多人之所以無法成功，正是因為他們總想著從別人那裡獲得利益，而不願意主動為他人提供價值。然而，真正懂得人生智慧的人知道，快樂與幸福從來不是源自於不斷地索取，而是從真心付出中獲得的。

一名心理學家曾指出，人最深層的滿足感並非來自物質上的擁有，而是來自於能夠真正地幫助別人，並從別人的幸福中感受到自己的價值。許多公益團體的志工經常表示，志工工作雖然辛苦，但看到受助者露出笑容的那一刻，內心的滿足感遠遠勝過任何金錢報酬。

生活也是如此。當你在工作上願意主動幫助同事，在人際關係中願意提供支援，你所得到的往往不只是別人的感謝，更是人際關係的增溫與生活品質的提升。這些長久的友誼和信任，將是未來事業發展與個人成長的重要資產。

幫助他人，是智慧的投資

「一個人的價值，不是他擁有多少，而是他付出多少。」真正聰明的人不會計較眼前的小利，而會把目光放長遠，將幫助他人視為一種最聰明的投資。

當你樂於助人，不論是解決朋友的煩惱、協助同事的工作，或者提供有價值的服務給客戶，都是在建立良好的信用和人際關係，這將是你人生道路上最重要的無形資產。

而相反地，若你一味地想著如何從別人身上獲利，最終只會讓自己陷入孤立無援的處境。因為人心是相互的，當你給予他人溫暖與幫助，別人自然也願意回饋給你更多。

我們生活在一個講求合作與共贏的時代，只有懂得主動幫助他人，才能真正贏得成功與幸福。如果你想在人生中取得成就，就從今天開始練習付出，真誠地為他人提供價值，你會發現，自己的人生將會變得更加精彩與豐富。

敞開心胸，接納每個不同的人

曾經有人這樣形容大海：「無論你倒進去的是清澈的泉水，還是汙濁的泥流，大海都能一併容納，不留任何痕跡。」這種包容萬物、接納一切的胸襟，正是每個人值得學習的人生態度。

人的胸懷不僅僅代表著志向，更代表著一個人的修養和氣度。一個有著寬廣胸懷的人，無論面對什麼挑戰或衝突，都能冷靜理性地處理，從容不迫地化解。相反地，若胸懷狹隘，只能斤斤計較，即使再有才能，也難以有所作為。

擁有包容的心，是一種能力，更是一種智慧。人生的路不總是一帆風順，但只要你能用寬容去面對別人的不足與錯誤，最終收穫最大的，反而是你自己。

用寬容換來真誠與信任

人生路上，並非每個人都與你相似，每個人都有自己的價值觀與生活方式。如果我們總是用狹窄的眼光去看待別人，那麼我們注定會活在煩惱之中。當我們願意去包容他人的不足，接納每個人的不同時，彼此之間的距離自然就會縮短。

一名企業創辦人曾說：「容納他人的過錯，能讓你贏得更多的尊重與信任。」一次，新產品推出後不久，被發現存在設計缺陷，導致大量顧客投訴與不滿，當時負責該產品的經理非常沮喪，甚至準備辭職。但創辦人不但沒有批評他，反而在公開場合肯定了這名經理的努力，並表示願意一起承擔責任。後來這位經理更加努力地為公司效力，成為非常重要的管理人才。

這個故事說明了，寬容並非軟弱，而是一種溫暖的力量，能夠化解誤解與敵意，讓人更願意用心與你合作。

用愛心包容差異

在日常生活中，我們經常會忽視包容的重要性。有時候，我們對自己寬容無比，對他人卻嚴格苛責，這樣的態度，久而久之就會造成心理上的隔閡和疏離。然而，當我們以理解和接納的態度對待別人，換來的常常是別人的真心和友誼。

曾有一個發生在加拿大的真實故事：有一名年輕人從戰場歸來，他在一次任務中失去了一隻手和一條腿。回到故鄉後，他先打電話給父母說：「爸媽，我想帶一位戰友回家，他受了重傷，沒有手和腿，我想我們可以一起照顧他。」父母猶豫了一下，表示這樣的人可能會成為家裡的負擔，委婉地拒絕了這個請求。結果幾天後，警方通知他們，湯姆在住所中自殺身亡，遺體辨認時父母震驚地發現，原來受傷的就是自己的兒子。

這個故事相當沉重，但也提醒我們一個真理：若我們能用包容的心去對待他人的處境，也許許多悲劇便能避免。當我們願意去理解、接納每個人的不足與傷痛時，不僅能幫助到對方，也會讓自己的人生更加溫暖和豐富。

寬容，是一種高明的智慧

生活中的大小摩擦在所難免，我們若對他人的錯誤苛責抱怨，不僅無助於解決問題，反而可能讓彼此更加疏遠。相反的，當我們展現出寬容和諒解時，彼此的關係往往更為牢固。

宴會規劃師麥克曾經替富商夫婦威廉與珍妮策劃了一場重要宴會，然而當天發生嚴重疏失，餐點出現問題，現場秩序也混亂不堪。麥克自知犯了大錯，內心非常忐忑，以為再也無法合作。然而，事後威廉夫婦並未責備麥克，反而主動向他表達理解，並表示願意繼續與他合作。感動於對方的寬容，麥克之後更加用心工作，替這對夫婦舉辦了許多非常成功的宴會。

寬容並不是姑息錯誤，而是懂得如何善用溫暖的力量，化解人際之間的緊張氣氛，從而贏得他人的真心相待。

懂得寬容是一種修養，更是一種人生智慧。你能夠包容多少人，就能贏得多少人的尊重與支持。一個懂得接納與包容的人，才有機會在人生路上獲得更大的成功與幸福。願我們都能學習如大海般寬廣的心胸，以寬容之心對待他人，以真誠之心獲得別人最溫暖的回報。

和諧，從自己開始

曾經聽過一個寓言故事：一隻麻雀不斷搬家，牠總是埋怨自己剛搬進的新居有一股奇怪的氣味。牠覺得這種氣味難以忍受，不得不再一次搬離。但無論牠搬到哪裡，這股味道總是如影隨形。最後牠困惑地向一隻智慧的老麻雀求助，老麻雀說：「你的問題並非來自新家，而是來自你自己身上的味道。」

在生活中，有許多人總覺得自己和環境格格不入，覺得自己才華出眾，周遭的人卻處處與自己作對。殊不知，真正的問題並不是環境出了錯，而是自己缺乏自我反省，總是挑剔他人，忘了檢討自己。然而，你無法要求世界上每個人都來遷就你，若希望路途平坦，最好的辦法是穿上一雙合適的鞋，而非清除所有道路上的石頭。這個道理提醒我們，與人相處的關鍵在於改變自己的態度，而不是期待別人改變。

與人相處要學會和諧，當你以平和、友善的態度面對周圍的人，你便能輕鬆地融入環境，達到真正的快樂。

和諧相處的五個原則

在日常交際中，我們要學會用更成熟的態度，與人達到和諧共處的效果，以下有五個實用的原則：

第一，說話溫和有禮。

當我們與他人交談時，聲音的語氣往往比內容更重要。一句簡單的問候，若是用溫暖的語氣說出口，往往能化解誤會、拉近距離。例如加拿大總理杜魯道（Justin Trudeau）在與不同政見的選民交流時，總是耐心而平和地傾聽並回應，即便對方態度激烈，他仍能溫和回應，贏得廣泛的支持與好感。

第二，保持微笑與親和力。

微笑是一種不需付出成本卻能得到回報的投資。人際專家曾指出，「微笑是人與人之間最有效的潤滑劑」。例如前美國總統歐巴馬（Barack Obama），無論面對支持者或反對者，總以親切的笑容待人，最終贏得廣泛讚譽，也成就他在人際關係上的成功。

第三，以真誠相待。

人與人之間相處，最重要的就是誠信。一個真誠待人的人，必然得到他人真誠的回報。日本企業家稻盛和夫以真誠對待員工與客戶，甚至願意公開承認自己的錯誤，這種透明、真摯的態度不但使員工願意與公司同甘共苦，更贏得客戶的高度信任。

第四，主動熱情待人。

主動的熱情能拉近與人的距離，打破隔閡，為彼此關係加分。例如新加坡航空的空服員以主動熱情的態度聞名於世，他們總能事先觀察並主動滿足乘客需求，讓乘客倍感貼心，提升顧客滿意度，進而創造出極佳的品牌形象。

第五，善於從他人身上學習優點。

與人相處中，不要總看他人短處，而應主動學習他人長處，因為每個人都有值得你學習的地方。蘋果公司創辦人史蒂夫·賈伯斯（Steve Jobs）曾說，他從身邊各種不同的人身上學習經驗，從設計師到清潔工，他都願意聆聽他們的意見，從而成就偉大的創新。

放下批評與嘲笑，贏得真正的尊重

在團隊或社交場合中，切勿隨意嘲笑或批評別人的缺點。若他人陷入窘境，請主動伸出援手，協助緩解尷尬，這才是成熟且值得尊敬的做法。紐西蘭總理傑辛達·阿爾登(Jacinda Ardern)在與反對黨辯論時，總是避免直接嘲笑對手，而是以幽默或禮貌的態度化解尷尬，展現了高度的情商與人格魅力。

此外，若能站在他人的立場考慮問題，你更容易與他人建立互信互利的良好關係。人與人之間的友誼與信賴，都建立在互相為對方考慮的基礎上。

真正的自信來自內在的謙虛

與人和諧相處的前提，是你必須了解自己、謙遜待人，保持自知之明。不炫耀自己、不刻意貶低他人，即便得到稱讚也能平常心看待。德國總理梅克爾(Angela Merkel)就是最佳範例，她無論在國際還是國內場合中，總是以謙遜低調的態度對待身邊的人，因此贏得德國乃至全球民眾的尊敬。

總結而言，想要擁有和諧的人際關係，不僅要學會善於自我反省，更應該練習溫和溝通、誠懇待人、主動熱情、學習他人優點，並且避免不必要的批評與嘲笑。只要你能做到以上這些，不僅人生更加和諧順遂，成功與幸福也將隨之而來。

強強合作，攜手共創成功

俗話說：「一根筷子容易折斷，一把筷子卻能堅韌如鋼。」無論個人還是企業，想在現代競爭激烈的環境中成功，都離不開團隊合作的力量。尤其現今全球化時代，單憑一己之力難以創造卓越的成就，唯有透過與強者聯手，才能共創佳績，實現共贏。

舉例來說，美國科技巨頭蘋果公司與韓國三星電子之間的關係十分微妙：兩家公司雖然在手機市場上彼此競爭激烈，但在技術與供應鏈層面，卻是長期合作的夥伴。蘋果大量採購三星提供的螢幕及晶片技術，從而在全球市場中取得領先優勢；三星則藉此合作拓展了自身技術的市場，雙方各取所需，彼此受益，展現出典型的強強合作模式。

現代商業環境中，類似這種企業間的合作越來越多。從根本上說，就是透過取長補短、共同承擔風險，追求雙方的最大利益。因為企業若只是各自為戰，不僅難以壯大，甚至可能被激烈的市場競爭所淘汰。

成功合作的關鍵要素

要實現「強強聯手，互利共贏」，必須滿足幾個基本條件。

首先，合作夥伴要有相似的價值觀。彼此認同對方的商業道德與企業文化，才能長久相處而不產生誤解或衝突。以德國汽車廠 BMW 與日本 Toyota 的合作為例，兩家公司早期在燃料電池汽車的開發上達成共識，彼此價值觀相近，皆以永續發展為目標，這種價值觀的契合成為雙方合作的重要基礎。

其次，雙方要有明確的利益分配原則。合作初期必須事先約定利益的分配方式，避免未來爭端。

此外，團隊的合作精神也至關重要。一個沒有合作精神的團隊，就像一盤散沙，無法承擔艱難任務，更無法克服市場競爭帶來的種種挑戰。瑞士鐘錶品牌勞力士 (Rolex) 在全球鐘錶業名列前茅的原因之一，就是公司內部極為注重跨部門合作，從研發設計到生產行銷，各個團隊都緊密連結，協調一致，最終呈現出令人讚嘆的產品與服務品質。

面對挫折，合作更顯重要

即便是最強大的團隊，也難免會遇到挑戰或失敗。此時，團隊成員是否願意共體時艱，將直接決定合作的成敗。

全球知名的特斯拉，初期發展遭遇許多困難，包括資金短缺、生產瓶頸等問題，但創辦人馬斯克（Elon Musk）始終與核心團隊堅守崗位，一起度過艱困的時刻。正因為彼此之間的信任與合作，才得以化解危機，逐步走向成功。

在個人層面也同樣如此。有位業務員到加拿大多倫多推銷公司產品，剛開始時遭到當地一家連鎖超市主管的嚴厲拒絕，甚至被趕出門外。但這位業務員並未放棄，反而深入了解對方情況，主動替這家超市解決了之前積貨滯銷的問題。從此，雙方建立起信任，後續合作順利展開，取得了長期而穩定的業績。

正因為懂得合作，願意站在對方立場思考，才能在逆境中化險為夷，創造雙方都滿意的結局。

未來的趨勢：唯有合作，才能成功

根據最新資料，近年來的諾貝爾獎獲獎專案當中，合作研究的比率已超過80%，足見現代科技進步不再是個人英雄主義，而是依靠團隊的共同努力。

不論是國際大型企業，還是中小型創業團隊，都需要理解，單靠一己之力的時代已經結束了。未來商業的核心競爭力，取決於企業之間、人才之間能否有效整合資源、優勢互補，實現共創共贏。

因此，想要在事業或人生道路上更進一步，必須學會與人合作，透過資源整合、團隊協作，彼此支持、互相成就。唯有如此，才能走得更遠、更穩、更成功。

與合夥人成功共處的智慧

創業本就艱難重重，若能找到志同道合的合夥人，一起奮鬥，將更容易度過挑戰、減少風險。然而，許多團隊起初能團結一致，等到事業穩定後，卻容易出現矛盾與衝突。因此，要讓合夥關係長久、和諧地持續下去，彼此之間的互動與溝通技巧至關重要。

調整心態，清楚自己的角色定位

合夥創業並非人人都站在舞臺中央，必須接受角色的差異。通常團隊中必須有一名領導者，其他成員則是輔助、支援。能否接受這樣的角色分配，將直接影響合夥關係是否和諧穩固。

臉書 (Facebook) 創辦人馬克．祖克柏 (Mark Zuckerberg) 當初創業時，團隊中還有許多共同創辦人，但祖克柏最後成為公司的核心領導者，其他人則以輔助的角色協助。這些創始人中能持續留下並共創成功的，都是清楚自己定位的人，而那些無法接受輔助角色的人，最後則選擇退出或分道揚鑣。

建立明確的退出機制

現實中，不論情感多麼深厚，都可能因利益或意見不合而分開。合夥創業要能和諧共處，除了良好的溝通外，明確的退出機制也相當重要。

許多品牌在創辦之初，創始人即明訂合夥協議，約定日後若有一方打算退出，要如何進行股權的轉讓與利益分配。正因為早期明確的協議，後來即便公司規模變大，兩人的友情與合夥關係仍然能保持穩定且長久。

即便合夥人是親朋好友，也應該建立清楚的契約與利益分配機制。「親兄弟，明算帳」這句話並非無情，而是現實中最務實的作法。

有效溝通與相互包容是關鍵

合夥關係中最常見的問題之一，就是缺乏有效的溝通管道，導致誤解與衝突不斷升溫。好的溝通並非只是口頭上的對話，更是用真誠態度互相理解、體諒，尤其在面對意見不同時，更應展現包容與傾聽。

英國知名的維京集團創辦人理查·布蘭森(Richard Branson)十分強調合夥人之間的坦誠溝通。他的創業團隊內經常舉行定期的交流會議，讓每個人都能充分表達自己的想法，即使意見不同，也能理性討論，共同達成共識，避免問題累積，影響日後合作。

合夥共處的四大原則

想要與合夥人維持長久且和睦的關係，建議遵循以下四個原則：

一、相互信任，奠定合作基礎

合作最重要的前提就是信任，如果缺乏信任，合夥人之間的關係終將瓦解。不管理念是否完全一致，只要信任仍在，就能有效化解分歧，讓團隊持續前進。

二、坦誠溝通，避免誤解

合夥人應該經常花時間進行坦誠溝通，特別是面對困難或危機時，更需誠實面對問題。良好的溝通不只化解衝突，也增加彼此情感連結，促進事業發展。

三、彼此尊重，善用專長互補

每個人都有自己的長處與短處，唯有懂得欣賞對方的優勢，承認自己的不足，才能發揮團隊最大價值。尊重合夥人的意見與專業，不僅增加團隊效率，也讓合夥關係更加穩固。

四、公平透明的利益分配機制

事業發展一定會涉及利益分配，只有公平透明的制度，才有辦法讓彼此滿意。合夥人應該在合作初期即訂立明確的利益分配原則，避免日後利益衝突破壞團隊和諧。

成功的合夥團隊必須不斷強化溝通，避免上述可能出現的問題，例如缺乏時間投入溝通、逃避衝突、責任感薄弱，以及不公平的利益分配等。若能及早解決這些潛在問題，合作夥伴將更加穩定，也更容易帶領事業走向成功。

總結而言，合夥創業能否成功，取決於彼此間的智慧溝通、尊重與互補。唯有掌握這些關鍵，才能與合夥人和睦共處，一同創造事業的輝煌未來。

一個人的力量有限，團隊才能創造奇蹟

一個人的能力再強，始終有他的極限，真正成功的人絕對不是單靠個人英雄主義。在企業中，個人能力雖然重要，但更重要的是懂得與團隊緊密合作。我認識一位朋友，曾是某知名公司內部刊物的主編，才華洋溢，經常獲得老闆的讚賞。但他因此變得自負，忽略了團隊內其他成員的感受，導致他與團隊關係日益緊張。

有一次，他受公司派遣外出培訓兩週，回到公司後，發現刊物品質竟然嚴重下滑。他心中委屈，原以為是同事故意刁難他，向老闆訴苦時，老闆卻說：「你讀過金庸的《倚天屠龍記》嗎？屠龍刀雖笨重，但卻威力無窮，因為刀身融合了眾多特殊材質。你要記得，成功的祕訣，就是融入團隊，而非單靠個人。」

從此之後，他才真正體會到，個人的才華若不能與團隊緊密配合，最後也只會失敗收場。

團隊合作成功的關鍵

近來我閱讀一本管理寓言書籍，其中的主角凱薩琳是一位 57 歲的女性，她沒有優越的教育背景，對即將接手的公司也不熟悉，但她卻成功帶領團隊走出低潮，扭轉企業頹勢。她成功的關鍵，就是將員工們凝聚起來，透過有效溝通與傾聽，讓所有人都願意開誠布公地合作，最終讓企業重新站穩腳步。

凱薩琳的故事說明了團隊合作中有幾個重要因素，首先必須建立團隊成員之間的信任，若團隊間互相猜忌，成員不敢暴露自己的弱點，那麼團隊就很難產生良好的合作氛圍。其次，要勇於面對衝突，一個真正成功的團隊不是毫無爭執，而是勇於表達不同的看法，透過適度的衝突磨合，才能找到最佳的決策方案。再來，團隊成員必須願意全心投入，共同承諾去完成團隊訂定的目標，這才能激發出強大的動力。接著，每個人都必須承擔起自己的責任，願意為團隊的整體目標負責，避免將失敗歸咎於他人。最後，團隊的每個人都必須以團隊的最終結果為重，超越個人利益，否則最終只會導致整個團隊走向失敗。

真正成功來自團隊的力量

世界知名的管理顧問提出，團隊合作會遇到五個常見障礙：缺乏信任、害怕衝突、承諾不足、逃避責任，以及漠視結果。當團隊成員缺乏彼此的信任，就不敢表達真實想法，也無法坦然面對爭執，進而導致承諾的弱化，甚至逃避自身責任，最終讓整個團隊目標模糊不清，成員之間逐漸產生隔閡。

想要克服這些障礙，團隊領導者必須懂得建立透明且良好的溝通管道，積極促進團隊成員之間的了解與互信，鼓勵成員之間適度的辯論與表達內心真實想法，讓每個人對共同決策產生高度認同。並且清楚定義每個成員的責任，建立明確的績效標準，持續追蹤團隊目標與個人績效，讓所有人都願意為團隊成果負起責任。

總而言之，一個人再怎麼優秀，終究難以承擔所有的重擔，唯有與團隊合作，將自己的能力融入團隊中，才能真正發揮最大的價值，也才能創造最輝煌的成就。

第八章
當實力不夠時，換個方式打開局面

在這個快速變動、資訊爆炸的時代，許多人在面對複雜多變的社會局勢時，常常感到迷失與焦慮。有些人會對自己的身分感到卑微，認為自己只是茫茫人海中的一粒塵埃；也有人會懷疑自己的能力是否足以應對這個要求愈來愈高的世界。科技突飛猛進，競爭越來越激烈，現代社會如同一座龐大舞臺，每個人都在尋找自己的立足之地。為了生存與發展，我們無不努力提升自己，讓自己具備足以應對挑戰的實力，因為我們都明白，自身的能力就是最大的保障與本錢。

然而，即便一個人能力再強，也無法樣樣精通、事事皆能。每個人都有自己的盲點與弱項，這是人之常情，也是成長的一部分。當我們想改善自身缺點時，確實可以透過學習與鍛鍊來調整，但不可能指望自己在短時間內徹底蛻變成另一個人。我們所能做的，是在現有基礎上穩定進步，而不是幻想一夕之間脫胎換骨。與其將焦點放在無法改變的不足，不如掌握自己擅長的長處，加以發揮；懂得適時尋求協助、與他人互補，也是一種智慧。這樣的思想不僅能減少內耗，更能讓我們以更務實穩健的態度，在變幻莫測的世界中站穩腳步、穩步向前。

列一份屬於自己的清單

很多人都曾說過這樣的話：「如果當初我早點規劃，就不會走那麼多冤枉路了。」生命就像一艘船，如果你沒有明確的目標，任憑風浪推著你前進，那麼最終將不知漂到何處去。一個明確的人生目標，能使人活得更加堅定且踏實。唯有在心中繪製一張明確的人生地圖，才能在前進的道路上不迷失方向，逐步實現夢想。

成功典範的啟發

有位美國探險家，十五歲時便列出了自己的人生清單，他將自己的夢想詳細寫在紙上，其中包括攀登聖母峰、探索尼羅河源頭、潛入加勒比海底、寫一本書等一百多個願望。多年之後，他竟然完成了其中一百多項。他曾說：「人生最重要的就是要有目標，有了目標，才有力量克服所有困難。」

我們可以看出，擁有一份清晰的人生清單，可以引領我們一步一步地朝理想靠近。這種做法不但能激發內心的動力，也能讓人時刻保持清醒，不隨波逐流。

如何列出屬於自己的生命清單

那麼，我們該如何為自己的人生列一份切實可行的清單呢？

第一步，尋找內心真正渴望的目標。當我們設定目標時，應該問問自己，哪些是我們真心熱愛的事物，而不是別人認為重要的事。只有內心真實的渴望才能轉化為行動的動力，推動我們向前邁進。

第二步，確立目標並細分步驟。正如跑馬拉松時，若只看到終點線距離之遙遠，很容易感到挫敗；但若將整個旅程分成幾個較短的目標，便能使人堅持到底。

第三步，規劃實踐的具體時間點。許多人在追求目標時，總是將行動一拖再拖，最終只能眼睜睜看著機會錯過。因此，每項目標都必須具體到時間節點，規劃每個階段的完成期限，以免自己陷入「有夢想，沒行動」的尷尬局面。

以正確的心態看待競爭生命清單，為人生導航

人生就像賽跑場，不管你願不願意，都會面臨競爭。很多人害怕競爭，因而失去勇氣。其實，競爭不應是負擔，而

應成為一種激勵。你真正的競爭對手是自己，永遠不要害怕與別人競爭，因為正是競爭，才能讓你變得更好。因此，建立一個健康的競爭觀念，有助於我們在追逐目標的道路上越走越遠。

每個人的生命都是一場獨特的旅程，而這場旅程需要我們自己規劃，才能精彩圓滿。一份清晰的人生清單，就像是航行在茫茫大海中的航海圖，讓我們不至於迷航。當我們懂得為人生設定目標，並堅持不懈地執行它時，生命就會展現出無限的可能性，也讓我們得以真正活出理想的自己。

養成學習習慣，為人生不斷加值

人們常說：「滴水穿石非一日之功。」真正的學習與進步，需要長期養成習慣，日積月累才會有顯著的成效。有位醫生儘管工作繁重，仍堅持每天睡前閱讀 15 分鐘。即使深夜忙到兩點，他也絕不輕易放棄閱讀。長期堅持下來，他不僅醫術精湛，更在文學與哲學方面有卓越的造詣。從他的故事中，我們可以看到，培養每天學習的習慣，看似微不足道，但長久累積下來，卻足以讓人變得出類拔萃。

利用碎片化時間

李行少年時期家境貧寒，14 歲就輟學打工，但即便如此，他並未放棄學習，反而更努力自學各種知識。無論多麼忙碌或困難，他都堅持每天學習英文、鑽研辭典、閱讀專業雜誌，正因如此，他才能比他人更敏銳地掌握市場動向，賺取了第一桶金。如今，他的事業穩定擴張，但每晚仍保持閱讀至少半小時，掌握最新知識與資訊，他之所以能成為華人世界的商業巨子，正是靠他數十年如一日不斷學習的毅力。

許多人常以工作繁忙為由，忽略了持續學習的重要性。

然而，即便是再忙碌的人，只要每天抽出 15 到 30 分鐘的時間，就能創造驚人的學習成果。以每天閱讀 15 分鐘計算，一年下來即能讀完十多本書；若每天持續 30 分鐘，一年更可讀超過 20 本書以上。這看似簡單的習慣，卻能為我們帶來豐厚的知識累積。所謂「時間就像海綿裡的水，只要擠一擠，總是有的。」利用瑣碎的時間學習，不但效率高，更能不斷地充實與提升自己。

每天堅持一點點，成功離你不遙遠

現代社會日新月異，唯有不斷學習，才能緊跟時代的步伐，不被淘汰。未來的文盲，不是那些不會讀書的人，而是那些停止學習的人。換言之，一旦停止學習，就意味著與時代脫節。唯有保持每天學習的習慣，才能持續提升自己的價值，讓自己在競爭激烈的環境中站穩腳步。

學習並非一時興起，而是終身的功課。我們不一定每天都要花費大量時間學習，但一定要堅持每天學習一點點，養成規律的習慣。每天讀書、每天進步，無論起步多慢，日積月累之下，必將取得令人刮目相看的成果。每天的學習，將成為我們人生最大的投資，帶領我們走向更廣闊的人生舞臺。

選擇自己最擅長的路，才會走得長遠

人生就像一盤棋，每一步都有可能影響最後的勝負。而在這盤棋局中，最重要的不是運氣，也不是別人的評價，而是你是否懂得選擇自己最順手的棋路。

美國傳奇富豪洛克斐勒從年輕時就深諳這個道理。他高中畢業之後，便立志成為富翁，因此刻意挑選薪資和前景都優於一般行業的銀行和鐵路公司。事實證明，他的第一次選擇就讓他取得了成功的起點。當薪資無法滿足自己的理想時，他果斷選擇辭職創業，經營商業貿易。第二步的選擇更加成功，創業三年就賺了數萬美元，奠定了財富基礎。然而他並未因此滿足，而是看準新興的石油行業，勇敢轉換跑道，第三次選擇更是創造了歷史，讓他成為全美乃至全球首位億萬富豪。由此可見，人生的成功不在於一時的努力，而在於每個重要關口是否選擇了適合自己的棋路。

掌握自己的天賦與專長

現代社會，許多人在職業生涯中頻繁地轉換跑道，追逐流行行業，卻忽略了最重要的一點：要成功，就必須發揮自己的天賦與專長。事實上，一個人最大的競爭力，就來自於是否清楚了解自己的強項，並且將這種強項發揮到極致。成功人士之所以卓越，就是因為他們總能精準判斷自身優勢，然後在適合自己的領域中全力以赴。

洛克斐勒當初若繼續從事薪資優厚但發展有限的會計工作，他的一生或許也算成功，但絕對無法成為全球矚目的巨富。他因為清楚自己的商業天賦，因此敢於選擇創業的道路，甚至跳脫傳統商業，進入風險更高但回報更大的石油領域。選擇自己擅長的路徑，才是成功的真正捷徑。

每一步都為未來鋪路

人生的成功，不僅是因為一個好的選擇，而是無數次正確的選擇累積起來的結果。就如同下棋，每一步棋都影響後面的局勢，一旦開始走錯，後面的局勢也將步步為艱；但若一步步走對了方向，終將獲得豐厚回報。每一個選擇，都在為我們的未來鋪路，選擇擅長的領域，更容易一步步地走穩、走遠。

一位音樂家若執意要成為企業家，即使再努力，也難以成為商業巨頭；而一位商業奇才若堅持要做藝術家，即使付出畢生的精力，也可能難以在藝術領域取得卓越。每個人都有自己的天賦所在，善於發現、培養並發揮這種天賦，才是人生中最明智的選擇。

做自己擅長的事，人生才能發光

選擇適合自己且最順手的棋子，人生的棋局才有可能走向贏家。那些成功的人，絕非什麼都懂、什麼都精，而是因為他們懂得專注於自己擅長的領域，不斷累積優勢，最終在該領域中脫穎而出，成為佼佼者。

我們必須明白，人生的選擇權永遠握在自己手中。我們或許無法選擇自己的出生，但絕對可以選擇人生的方向與未來的道路。選擇一條最順手、最適合自己、最能發揮專長的路，才能最終品嚐到成功的甘美果實，人生才能真正發光發熱。

集中精力，專注成就卓越

人一生的時間有限，精力更有限，若要取得卓越的成就，就必須懂得將精力集中在一件事情上，全力以赴。一名作家就曾說:「一個人無法同時騎兩匹馬。當你選擇了一匹，就必須放棄另一匹。」、「成功最重要的祕訣，就是把全部精力集中在一件重要的事上，持續不斷地改進，做到出類拔萃。」歷史無數案例都在提醒我們，專注才是真正成功的不二法門。

專注意味著什麼？意味著懂得拒絕無關的誘惑，意味著能夠忍受重複的枯燥。正如石匠敲擊石頭，第一下看不見成果，第二下、第三下甚至第 500 下仍未成功，但他始終沒有放棄，終於在某一刻，大石頭裂成了兩半。這並非因為最後一下的敲擊，而是因為之前每一下的累積。這種堅定的持續，是專注的真正力量。

成功者不分散精力

現實生活中，許多人雖然能力不差，卻因為精力分散而無法取得顯著的成功。許多企業因貪心擴張業務，最終反而喪失了主業的競爭力。經營者將大量時間花費在不熟悉的新領域，核心競爭力逐漸削弱，反而導致整個企業陷入困境。因此，精力若不集中，往往只能淺嘗即止，永遠無法在某個領域中真正出類拔萃。

更有企業家直言：「『不要把所有雞蛋放在一個籃子裡』這種觀念是錯誤的。相反，你應該把雞蛋都放入同一個籃子，然後全心全意地照顧好這個籃子。」專注並非意味著風險，而是在集中精力的同時，更有效地掌控並降低風險。

堅持到底的力量

瑞典有位青年，出身貧困，但他沒有放棄自己的理想，一心一意學習建築與化工的知識。當他發現瑞典國王查理四世對法國凱旋門有特殊情感時，決定在瑞典的小城建造一座類似凱旋門的建築。這個看似單一而微小的行動，卻因為他的精心設計和持續專注，最終讓他獲得國王的賞識，不僅改變了他一生的命運，更讓他成為瑞典頂尖的建築大師。這正說明了，只要專注於一件事情，堅持不懈，成功自然會向你靠攏。

集中精力，打造競爭優勢

每個人都有自己擅長的領域，成功的關鍵在於能否將有限的精力全數投入其中。很多人急於求成，企圖什麼事都做好，結果卻因為精力分散，最終一無所成。而那些真正取得傑出成績的人士，無一不是專注於自己最擅長的領域，以最集中的力量攻克一個又一個細節，最終形成強大的競爭優勢。

成功與平庸之間最大的區別，並非天賦、運氣或條件，而是你能否做到全心專注。將所有的精力投注於自己熱愛並擅長的事情上，你才能在激烈競爭中勝出，成為某個領域的領頭羊。

人生短暫，我們能做到的事情有限。但只要你把所有精力集中在一個明確的目標上，堅持到底，最終就能創造令人驚艷的成果。無論你選擇哪一個領域，只要用心、專注，成功必將離你越來越近。

掌控時間，就是掌控人生的成敗關鍵

每個人一天都只有 24 小時，無論你是總裁還是普通員工，這點都是公平的。差別就在於，每個人如何利用這些時間，決定了未來的成就。曾有人這樣說:「生命由時間構成，浪費時間等於浪費生命。」

每天早上將當天要做的六件最重要的事情依序列出，並從第一件開始逐一完成，每次只專注於最重要的一件事。這個方法看似簡單，卻能極大地提升效率，幫助公司提升超過 50％的業績。由此可見，時間管理的價值遠遠超過我們的想像。

掌握零碎時間，創造驚人成果

許多人總是抱怨時間不夠用，卻常常忽視了大量零碎時間的存在。等公車、搭捷運、排隊時，都是我們可以善加利用的時刻。事實上，成功的人幾乎都懂得善用這些「零碎時間」。美國費城造幣廠有個盒子，專門收集散落在地板上的金粉，每年就能從中收回成千上萬美元的價值。對我們而言，零碎時間就像這些微不足道的金粉，一點一滴的累積也能成為我們生命中的寶貴資源。每天利用這些片段時間學習一個新單字、閱讀一頁書、思考一下問題，一年下來，你就會發現自己收穫了相當可觀的知識和能力。

不浪費上下班交通時間

現代都市人普遍面臨上下班通勤時間長的困擾，但真正的關鍵並不是能否縮短通勤時間，而是如何有效地利用這段時間。許多人在搭乘大眾運輸工具時，只是滑手機、聽音樂、發呆，白白浪費了寶貴的時間。然而，真正懂得時間管理的人會在這段路途中提前規劃一天的工作內容，思考工作上或生活中的問題，或透過聆聽有聲書與專業知識音頻，充分利用每分每秒。就算只是花 20 分鐘閱讀一本書，一週就能累積數小時的學習時間，這些日積月累的投入，都將成為未來成功的重要基石。

減少睡眠，延長生命的有效時間

儘管一般人都認為每天睡滿 8 小時才能維持健康，但研究指出，並非所有人都需要這麼長的睡眠時間。多數成年人其實每天只需約 6 到 7 個小時的睡眠便足夠，超過實際需要的睡眠時間，不僅浪費生命，更可能使人變得更疲倦且反應遲緩。若能找到自己真正適合的睡眠時長，既能保持充沛精力，也能多出寶貴的時間，投入到更有意義的事物中。試想，每天節省 1 小時睡眠，一年就多出 365 個小時，足以讓你在工作或學習上取得巨大的進步。

遠離時間黑洞，提升自控能力

網路的普及提供了許多便利，但也帶來了無數的誘惑。打開手機，不知不覺就花掉幾小時；坐在電腦前，總忍不住滑社群媒體，導致許多寶貴的時間都被無意義地消耗掉。因此，提升自我控制能力，是有效管理時間的必備要件。

具體來說，你可以試著減少查看電子郵件與社群媒體的頻率；工作時主動關閉手機或設定靜音，避免干擾；為自己制定嚴格的娛樂與工作時間比例，確立哪些時間是用來休息，哪些時間用來工作，絕不混淆。還可以每天在固定時間查看並記錄當天的時間使用情況，找到浪費的時間點，加以改善。

列出每日行動清單，提高效率

除了上述方法外，一個重要且簡單易行的時間管理技巧，就是每天清晨或前一天晚上為自己列出當日或隔天的行動清單，並且依照重要性排序。這不僅有助於你在工作時專注於最緊迫的事項，也避免了做事漫無目的的狀態。實踐過程中，越清晰的規劃，就能減少越多猶豫與停頓，讓時間使用更加高效。此外，也可每週回顧並分析自己的時間運用情形，不斷調整、改良，使自己始終處於最佳狀態。

學會拒絕，做時間真正的主人

最後，要想真正掌控自己的時間，就必須學會拒絕。很多時候，我們因為害怕傷害別人的感情，或是因為過於好心，常常答應了一些並不重要的邀約，最後反而犧牲了更重要的事情。因此，學會適當的拒絕，不僅能為你贏得更多自由支配的時間，也有助於你將精力投入到真正重要的任務與目標中，成為自己生命和時間的真正主人。

善用時間，成就非凡人生

時間管理並不是一種技術，而是一種習慣，更是一種人生哲學。每一個成功者之所以取得卓越成就，最根本的原因之一，就是他們懂得善用時間，能夠將有限的生命精力投入到最有價值的事情上。無論你的夢想是什麼，只要學會珍惜並有效管理自己的時間，就一定能為未來的自己創造非凡的可能性。

堅持到底，終能創造奇蹟

人生之路難免充滿困境，但往往堅持下去，才有機會見到希望的曙光。從前，有三隻不幸的青蛙掉進了牛奶桶，第一隻放棄求生，第二隻大喊求助，唯獨第三隻青蛙憑藉著堅韌不拔的毅力，跳了一次又一次，最終踩著自己奮鬥產生的乳酪，成功逃離險境。這隻青蛙不僅靠的是智慧，更靠的是堅持到底的信念和不斷努力的態度。

人生中的成功，大多也如同第三隻青蛙一般，唯有堅持再堅持，才有機會穿越困境，迎向光明。

勝利與放棄只在一剎那

現實生活中，也不乏這樣的例子。拳王阿里在 1975 年與喬．弗雷澤的重量級拳擊對戰中，體力早已耗盡，處於崩潰邊緣，但他憑藉著鋼鐵般的意志，撐到比對手多一秒的勝利。他的堅持不僅捍衛了自己的拳王寶座，更讓自己成為堅毅不拔的象徵。而弗雷澤卻因最後一刻放棄，抱憾終身，深刻印證了堅持與放棄的差別就在那轉瞬之間。

人生道路總是充滿挑戰與挫折，成功從來都不是偶然，它來自於一顆永不放棄的心。許多人，開始時興致勃勃，面對困難時卻輕易放棄，成為平凡中的一員；還有些人雖然嘗試繼續前行，但接連的挫敗讓他們無法堅持，最後也只能半途而廢。然而，真正能夠最終站上成功之巔的人，往往並不是能力最好的人，而是那些願意堅持到底，超越極限的人。即使他們資質平凡，但卻以強大的意志和堅韌的精神，走過一個又一個難關，最終成就非凡人生。

「成功的祕訣就是：堅持、堅持、再堅持。」世上所有的成功，都誕生於這樣堅持不懈的努力之中。

我們再看一個發人深省的故事：

古老的阿拉比王國地處沙漠邊緣，城市日漸衰敗，國王決定將都城遷往遙遠而富饒的卡倫。他派出四個王子探路，前往卡倫的路程充滿了艱辛。大王子翻越幾座山之後便放棄，二王子過了一片沼澤便回頭，三王子涉過幾條河，卻被茫茫沙漠所阻，也決定放棄。唯獨小王子，不畏艱難，堅持前進，最終走到卡倫，並成功返回。當國王問及心得時，小王子自信地表示，原來到卡倫的距離也沒有想像中那麼遙遠，只需要 18 天便可到達。國王欣慰地告訴他們：「腳比路長，只要你們願意堅持，天涯海角都能到達。」

堅持不懈，擺脫平庸

在面對困境與挑戰時，絕大部分的人其實都具備一定程度的堅持精神，但許多人之所以最終無法成功，原因就在於他們未能「堅持到底」。剛開始，每個人都能夠咬緊牙關，但是時間一長，毅力開始動搖，內心逐漸失去信念，最終放棄。其實，所謂成功的祕密，並不神祕，只不過是別人在放棄的那一刻，你多堅持一下，多熬一分鐘，多努力一天，就可能迎來曙光與奇蹟。

歷史上最成功的人士，不一定是天賦過人的天才，也不一定是資源豐厚的幸運兒，往往卻是那些面對逆境時，依然選擇堅持到底的人。日本著名的經營之神松下幸之助，在創業初期曾多次面臨破產，當時的情況極為艱難。但松下並未放棄，咬緊牙關堅持走下去，終於創造出享譽世界的松下電器帝國。他的成功正是源於那份永不退縮的堅持精神。

現代社會競爭激烈，年輕人在職場、創業的道路上更是充滿挫折。很多年輕人抱怨現實太殘酷，動不動就選擇放棄，但真正的贏家卻懂得在失敗中吸取經驗，不斷調整，不斷前進。他們心中燃燒著一股永不熄滅的熱情，憑藉著堅持不懈的努力，最終才能擺脫平庸，成就卓越人生。

堅持，不僅是一種能力，更是一種人生態度；是一種真正成功人士必備的特質。正如那位成功從牛奶桶逃脫的青蛙一樣，只要你願意堅持下去，即使眼前一片黑暗，最終也會迎來屬於你的光明時刻。

所以，無論你正處於怎樣的困境，不要輕易放棄，只要你堅持走下去，你一定能看到成功的曙光。堅持再堅持，讓我們共同譜寫人生最精彩的篇章。

厚臉皮是成功的必修課

人生在世，誰都難免遇到需要他人相助的時候。然而，要開口求人幫忙，對多數人而言，總不是件容易的事。不少人一遇到困難，首先想到的便是面子，覺得求人太過難堪，於是寧可吃虧，也不願厚著臉皮、硬著頭皮去解決問題。可惜的是，這種心態常常會導致小事拖大、大事拖垮，最後把自己逼到死胡同裡。

放下架子，更需要勇氣

有這樣一個人，他為了辦一個手續，四處奔波、費盡心力，卻始終無法成功。朋友建議他去找某個主任，於是他硬著頭皮去了，但主任偏偏不在，還被主任家的保母冷言相向。憤怒和尷尬讓他決定再也不去求人。後來朋友得知此事，卻哈哈大笑，對他說：「你這樣做人辦事怎麼行呢？求人辦事，就得臉皮夠厚、頭皮夠硬，要一次不行再來第二次，甚至三次、四次，直到事情辦成為止。」

朋友的話令他醍醐灌頂。於是第二天，他硬著頭皮再去拜訪主任，沒想到主任一見面，便順利地幫他辦好了手續，還十分客氣，甚至連菸都未抽上一支。

由此可見，臉皮厚一點，其實也是處世智慧之一。人生在世難免需要向別人低頭，臉皮太薄的人，往往失去了很多解決問題的機會，最終受苦的還是自己。

古今中外，懂得厚臉皮、硬著頭皮辦事而取得成功的案例不勝枚舉，其中最經典的莫過於司馬相如與卓文君的愛情故事。

漢代才子司馬相如家境貧寒，與富家千金卓文君私奔後，才發現現實生活困難重重。為了求得岳父卓王孫的資助，兩人起初向卓王孫求援，結果卻被無情拒絕，卓王孫甚至破口大罵。但他們並沒有因此放棄，而是厚著臉皮，在距離卓府不遠處開了一家酒鋪，親自招待客人，讓全城的人議論紛紛。消息傳開後，卓王孫礙於面子，不得不資助這對夫妻，司馬相如夫婦這才擺脫了困境，贏得後來的幸福生活。

表面上看，司馬相如和卓文君這樣的舉動，似乎有點「無賴」，然而正是因為他們願意放下架子，不顧面子，硬著頭皮去做這件事，才換來最終圓滿的結果。他們的厚臉皮，其實是一種聰明的謀略，更是一種在困境中的勇氣。

適時放下面子

在人生的道路上，每個人都會遭遇大大小小的困難，有些困難，光靠自己是很難解決的，這時就必須適時放下面子，向別人求助。很多時候，所謂的「臉皮薄」不過是自尊心作祟，怕遭到拒絕而丟臉，怕被人輕視或嘲笑，但如果因為怕丟臉就不去做，最後就真的會一事無成了。

很多成功者都經歷過被拒絕、被冷眼看待的情況，但他們卻從不為此感到羞愧或退縮，反而一次次堅持下來，終於打開了市場，創建了偉大的事業。

再如美國的肯德基創辦人哈蘭·桑德斯（Harland David Sanders），65 歲時開始推廣他的炸雞配方，厚著臉皮一家一家去推薦，遭到了上千次拒絕，但他仍堅持不放棄，最終打造出全球知名的餐飲品牌。他的成功正是靠著不怕拒絕的厚臉皮精神，才能夠堅持到最後，成就非凡。

做人需要有一定的堅持精神，不怕被拒絕、不怕被嘲笑，最終成功的人，大多具備這種厚臉皮和硬頭皮的特質。相反，那些所謂「面子」太重要的人，容易因一點小挫折便半途而廢，錯失了原本可以取得的成功。

面對現實生活的種種挑戰與艱難困苦，我們必須清楚，厚臉皮不是厚顏無恥，而是一種人生智慧；硬頭皮不是不知羞恥，而是一種毅力的體現。當你選擇放下面子，厚著臉皮去克服困難，便會發現，原來面子並沒有那麼重要，成功的甜美果實，才是真正值得追求的。

面對挫折時，不要猶豫，不要害怕，厚著臉皮做人，硬著頭皮做事，你會發現，原來許多困難都能迎刃而解。如此一來，人生路上的風景，也會更加開闊，更加精彩。

放寬心胸，人生更寬廣

人生不如意的事情十有八九，這是每個人都必須面對的現實。然而，同樣的苦痛，不同的人卻有截然不同的感受。有的人面對痛苦坦然接受，很快地轉化成生命成長的養分；有的人卻愈陷愈深，無法自拔，最終被痛苦淹沒。造成這種差異的關鍵原因，不在痛苦本身，而在於承載痛苦的心胸。

一位印度老師，面對不停抱怨的徒弟，決定給他一個教訓。師傅讓徒弟將鹽撒進一小杯水中，讓他喝下去，徒弟立刻皺眉吐出，直喊：「好苦！」師傅卻又把他帶到湖邊，讓他把同樣的鹽撒入湖中，再嚐一口湖水，徒弟卻驚訝地發現湖水清涼甘甜，一點也不苦。師傅藉機告訴他：「人生的痛苦就像這鹽一樣，數量是固定的，既不會多也不會少。真正決定你感受痛苦多少的，不是痛苦的本身，而是你承受痛苦的容積。當你感覺痛苦時，就放寬你的心胸，不要做那杯小水，要做廣大的湖泊。」

幸福就在身邊

面對人生的各種不如意，我們應該學會放寬自己的心胸容量，用更廣闊的胸懷容納痛苦，轉化為生命的智慧，這樣一來，痛苦不但不會將我們打垮，反而會讓生命更加充實與豐富。

許多人在經歷苦難後，總是選擇逃避、抱怨、甚至自暴自棄，最後落入失望的深淵無法自拔。然而，逃避痛苦並不能真正解決問題，反而會讓心裡的苦痛逐漸放大，最終把自己困在痛苦裡動彈不得。相反地，那些懂得積極面對痛苦的人，總能從中找到意想不到的禮物，收穫更堅強的心靈與更豐盛的人生。將承受痛苦的心胸容量放寬的智慧，不僅能幫助我們度過難關，更能讓我們獲得比痛苦更大的力量。人生中的許多煩惱，並非來自事情的本身，而是來自我們狹隘的內心。當你無法容納更多的事情時，即便是再小的痛苦也會被無限放大。相反，如果你能夠將心胸放得更廣，那些原本無法忍受的痛苦，也會變得微不足道。

曾有人對生命感到疑惑，他問:「我不知道明天在哪裡？我不知道希望在哪裡？我也不知道幸福到底在哪裡？」其實，幸福就在你身邊，關鍵是你是否願意打開自己的心胸，去發現它、接納它。當你放寬心胸容量，那些痛苦、煩惱和失望就會漸漸地淡化，甚至消失，你的內心便能容納更多的幸福與喜悅。

有些東西，當我們真正擁有時，往往忽略了它的價值，只有失去時才會後悔莫及。因此，我們應該學會珍惜當下，珍惜身邊擁有的一切。當你用更大的心胸去看待生命，就能體會到原本視而不見的幸福與快樂，生命的每一刻也會因此充滿感動與驚喜。

保持心態開放，淡化痛苦

然而，要真正做到心胸寬廣，並非一蹴可幾，而是需要我們從日常生活中逐漸鍛鍊與培養：

首先，要學會忘卻過去的傷痛與不快。許多人之所以無法開懷大笑，正是因為內心裝滿了過去的失敗與遺憾。把過去的傷痛長期積壓在心中，只會徒增痛苦與煩惱。真正懂得放下的人，才能夠讓心胸更加開闊，讓快樂自由流動。

其次，要學會放鬆自己，緩解壓力。現代社會節奏快、壓力大，若無法調適心情，久而久之內心便會變得狹隘，痛苦也會隨之而來。適當地放鬆，讓自己保持愉悅的心情，你就會發現那些曾經令你苦惱不已的問題，其實並沒有那麼難解決。

最後，要學會用快樂沖淡痛苦。生活中快樂與痛苦總是並存，將精力放在快樂的事情上，那些痛苦就會慢慢淡去。就像寓言中所說的，用一湖清水化解一小把鹽，最終得到的只是一片清涼與甘甜。

心胸的容量決定了我們對痛苦的感受，痛苦再大，也敵不過我們寬廣的心胸。當你學會放大自己的承載容積，並以開放的心態迎接人生種種挑戰時，你不僅能淡化生活中的痛苦，更能讓自己的人生充滿幸福和力量。

當你心中擁有廣大的湖泊，生命就能容納更多幸福、更多美麗。

善用他人之力，打破自我局限

在現代這個複雜且充滿競爭的社會裡，一個人不可能樣樣精通，即使再有才華的人，也總有自己的短處。俗話說：「尺有所短，寸有所長」，我們若能善於發現並承認自己的不足，透過與人合作的方式，就能夠充分發揮各自的優點，彌補缺點，最終共同成就更大的事業。

在美國加州有種植物名叫紅杉，科學家發現，它們是現今世界上最高大的植物，能達到百米以上，堪稱自然界中的奇觀。然而，令人驚訝的是，紅杉雖然高大，它們的根系卻沒有扎得很深，只是淺淺地盤繞在地表附近。一般而言，植物越高，根必須扎得越深，才能穩固地支撐整株植物，抵擋狂風暴雨的侵襲。但是紅杉林卻例外，它們雖然根系淺薄，卻能屹立千年而不倒。原因就在於它們從不孤單地生長，每株紅杉的根都會與周圍其他紅杉的根緊密交織，形成一個堅不可摧的網，使整片森林猶如鐵壁銅牆，穩固地扎根於大地之中。就算是猛烈的颶風來襲，也無法撼動這片牢固的生命之林。

這種大自然的智慧給了我們深刻的啟示：一個人的力量無論多麼強大，都有其局限，只有當人們互相協助、取長補短，才能成就更偉大的事業，創造更高的價值。單打獨鬥或許能獲得短暫的勝利，但面對更複雜、更巨大的挑戰時，唯有透過合作，才能共渡難關。

從狩獵到現代企業：合作是生存之道

在原始社會時代，人類的主要食物來自狩獵。當時人們面臨的問題很明顯：一個獵人靠自己的力量，只能獵到一些兔子，而兩個獵人合作，便可以捕獲更大的獵物，比如野豬，足以養活更多人。如果每個獵人都只顧自己去追逐兔子，那麼獲得的僅是暫時而微薄的溫飽；若兩個人通力合作，卻可以達成更大的收穫，甚至使整個部落得到繁榮。合作的重要性，由此可見一斑。

進入現代社會後，合作的方式更加多元，涵蓋範圍也更加廣泛。以現代企業為例，不同的部門各有所長，與彼此合作，，技術得以快速普及並提升產能方能創造最大的效益。這樣一種競爭中帶有合作的方式，使得雙方都能從中獲益，實現雙贏。

雙贏思維與誠信尊重

那麼，作為一個現代人，我們究竟應如何透過合作來實現自我完善呢？

首先，必須具備「雙贏」的思維。很多人害怕合作是因為他們擔心自己會吃虧，總想著從中獲得更多的利益。事實上，真正的合作，應該是各方都能有所獲益。如果只有一方獨大，那麼這種合作關係就難以持久。建立雙贏的合作意識，才能吸引更多志同道合的夥伴，取得更大的成功。

其次，誠信和尊重是合作關係的基石。在任何合作中，誠信都是不可或缺的要素。沒有誠信的合作，猶如在沙灘上建造高樓，一旦風浪來襲，便瞬間傾倒。同時，彼此之間的尊重與理解也是成功合作的重要條件。每個人都有自己的價值觀和意見，唯有相互尊重，才能建立穩定且和諧的合作關係。

求同存異，打造穩固合作關係

再者，在合作的過程中必須學會求同存異，彼此包容。人與人之間難免有分歧，重要的是在面對分歧時能否保持理性和寬容，不要輕易地因為一時的意見不合就斷送彼此未來的合作機會。

「人之所以能凌駕於萬物之上，不是因為力氣比牛大，也不是因為奔跑比馬快，而是因為人類懂得團結合作。」每一個人的力量雖小，但當人們將力量集合起來，便可創造偉大的事業。

從現在起，讓我們放下個人的執念，放開胸懷，用合作的心態與人交往，積極取長補短，在與他人合作的過程中逐漸彌補自身的缺陷。只有懂得合作的人，才能最終成就更強大的自己，達成更高遠的目標。

借力識才，方能成大事

俗話說：「山外有山，人外有人。」世界上從來就沒有「全能」的人，每個人能力再強，也一定有不如人的地方。聰明的人懂得善用他人的力量，將別人的長處轉化為自己的資源，最終成就更大的自己。

人要成功，就必須擺脫自我局限，善於發掘他人的才華，並將他人的優勢與自己的目標結合，才能成就非凡。

領導藝術的精髓 —— 善用他人

《聖經》中的摩西被譽為世界最早的領袖之一。當摩西帶領以色列人前往上帝應許之地時，每天需要處理數不清的大小事務，讓他疲於奔命。他的岳父看到這個情況，提出建議：把百姓分成大大小小的群體，每個群體選出負責人，小事由各群體負責解決，只有最難的事情才交由摩西親自處理。這樣一來，摩西的工作變得輕鬆許多，也使整個民族的運作更加有效率。

這個故事揭示了一個重要的管理智慧 —— 領導者的價值不是什麼事情都自己去做，而是善於識人用人，將事情交給適合的人去完成。懂得借用他人之力，才能做得更多、更好，發揮團隊最大的潛力。

宋代名將狄青也是一個成功借助他人力量而成大事的例子。狄青本是行伍出身，因作戰勇猛被宋仁宗破格提拔。當時，不少官員認為狄青出身卑微，不應被重用，但仁宗認為：「朕的天下正是要靠這樣能征善戰的忠臣維護。」當嶺南爆發叛亂，眾將束手無策時，狄青主動請纓，宋仁宗大喜，連連破格提拔狄青，並給予充分的信任與資源。狄青受此激勵，率軍出征，平定叛亂，名揚天下。

狄青的成功固然源於自身才能，但也離不開宋仁宗的慧眼識英才，善於運用狄青的軍事才能。如果仁宗因狄青的出身而拒絕任用，就無法成就狄青，更無法保障國家安定。

借力的關鍵 —— 善待身邊每一個人

借用他人力量的方式很多，但無論哪一種，都需要我們平日裡善待身邊的人，建立良好的互信關係。

首先，善用親友的力量。人生活在社會中，必然有親戚朋友，這是最直接、最便捷的資源。常聽到：「在家靠父母，出門靠朋友。」當自己陷入困境時，親友往往是我們第一時間想到的幫手。但是，這種幫助絕非理所當然，而是需要平時真誠相待，互相扶持，才能在關鍵時刻真正幫上忙。

其次，善用同學校友的力量。現代社會人際關係緊密，校友情誼往往成為一種強大的社會資源。同一學校畢業的校友，因為有共同經歷，彼此容易建立信任，並願意互相扶持。當一個校友獲得晉升或取得事業上的突破時，其他同學和校友自然會跟著受益。這種關係的建立，需要我們在學習或職場生活中保持誠信、正直、主動關心他人，才能讓這份資源持續發揮作用。

再者，善用同鄉情誼的力量。異鄉打拚的人都會深刻體會到同鄉情誼的重要性。同鄉不僅意味著共同的地緣關係，更意味著心理上的親近和互助的可能性。因此，維護良好的同鄉關係，也是一個人獲得更多資源的重要途徑。

借力他人，更需回饋與誠意

借用他人的力量，最重要的關鍵還在於回饋與誠意。漢高祖劉邦成功後，毫不吝惜地將功臣封賞；宋仁宗善待狄青，給予絕對的信任和豐厚的獎賞。這種真誠的回饋，才能讓被借用之人心甘情願地為你效力。

《菜根譚》說：「天地之氣，暖則生，寒則殺。」一個人待人和氣熱心，他自然會得到更多的幫助，事業越做越大，福氣也會越來越深厚；相反，若待人刻薄、苛刻，即使一時得逞，最終也難以成就大事。

因此，借用他人的力量必須建立在互相尊重、彼此受益的基礎上。只有讓人感覺到與你合作是快樂且值得的，他們才會持續為你提供支持與協助。

懂得借力，人生更豐富

世界上沒有任何一個人的成功是獨立完成的，每個人的成功背後，都站著許多願意協助他的人。能否善用這些力量，取決於我們自身的智慧與態度。

總而言之，善用他人之力不是投機取巧，而是一種高明的人生智慧。懂得欣賞別人的長處，善待身邊每一個人，保持真誠的態度，並且適時回饋，才能真正借到力量，成就自己更美好的未來。

電子書購買　爽讀 APP

國家圖書館出版品預行編目資料

能力只是起點，人脈才是通道：職場不缺人才，單打獨鬥能撐一時，互相成就才能長久 / 劉涵予 編著 . -- 第一版 . -- 臺北市 : 財經錢線文化事業有限公司 , 2025.05

面；　公分

POD 版

ISBN 978-626-408-275-4(平裝)

1.CST: 人際關係 2.CST: 成功法

177.3　　114006158

能力只是起點，人脈才是通道：職場不缺人才，單打獨鬥能撐一時，互相成就才能長久

臉書

編　　著：劉涵予

發 行 人：黃振庭

出 版 者：財經錢線文化事業有限公司

發 行 者：崧燁文化事業有限公司

E-mail：sonbookservice@gmail.com

粉 絲 頁：https://www.facebook.com/sonbookss/

網　　址：https://sonbook.net/

地　　址：台北市中正區重慶南路一段 61 號 8 樓

8F., No.61, Sec. 1, Chongqing S. Rd., Zhongzheng Dist., Taipei City 100, Taiwan

電　　話：(02) 2370-3310　**傳　　真**：(02) 2388-1990

印　　刷：京峯數位服務有限公司

律師顧問：廣華律師事務所 張珮琦律師

定　　價： 375 元

發行日期： 2025 年 05 月第一版

◎本書以 POD 印製